Caderno pedagógico para o

Ensino Religioso

Manifestações religiosas

Dados Internacionais de Catalogação na Publicação (CIP)
(Câmara Brasileira do Livro, SP, Brasil)

Caderno pedagógico para o Ensino Religioso 3 : manifestações religiosas : com roteiros de atividades : (Ensino Fundamental) / organização Sérgio Rogério Azevedo Junqueira, Marilac Loraine Oleniki, Francine Porfirio Ortiz. – 1. ed. – Petrópolis, RJ : Vozes, 2023. (Coleção Cadernos Pedagógicos para o Ensino Religioso)

Bibliografia.
ISBN 978-65-5713-803-8

1. Catequese – Igreja Católica – Ensino bíblico 2. Ensino religioso (Ensino Fundamental) 3. Pedagogia I. Junqueira, Sérgio Rogério Azevedo. II. Oleniki, Marilac Loraine. III. Ortiz, Francine Porfirio.

23-151007 CDD-371.07

Índices para catálogo sistemático:
1. Ensino religioso : Ensino Fundamental 371.07

Aline Graziele Benitez – Bibliotecária – CRB-1/3129

Sérgio Rogério Azevedo Junqueira
Marilac Loraine Oleniki
Francine Porfrio Ortiz
(Organizadores)

Caderno pedagógico para o Ensino Religioso

Manifestações religiosas

Com roteiros de atividades
para o Ensino Fundamental

EDITORA VOZES
Petrópolis

Rua Frei Luís, 100
25689-900 Petrópolis, RJ
www.vozes.com.br
Brasil

Editoração: Rafaela Milara
Diagramação: Ana Maria Oleniki
Revisão gráfica: Jhary Artiolli
Capa: Editora Vozes

ISBN 978-65-571-3803-8

Este livro foi composto e impresso pela Editora Vozes Ltda.

SUMÁRIO

Esta unidade temática contempla apenas esses anos de ensino, conforme a BNCC.

APRESENTAÇÃO

O Ensino Religioso é um componente do currículo brasileiro, introduzido, oficialmente, em 1827 com a denominação de Doutrina da Religião Catholica[1], sendo que a designação que utilizamos atualmente foi registrada, a princípio, em 1879, no Projeto de Reforma da Instrução Pública de Leôncio de Carvalho[2]. No período Republicano, localizamos a presença do Ensino Religioso na legislação brasileira desde 1931 para as escolas públicas; entretanto, nas escolas denominadas confessionais, a presença desse componente sempre foi uma constante forma de divulgar, entre os estudantes, a concepção religiosa que as identifica como pertencentes a uma determinada tradição.

Somente em 2017, dois fatos significativos definiram a história desse componente curricular. O primeiro refere-se à confirmação e ao reconhecimento, pelo Supremo Tribunal Federal (STF), de dois modelos específicos para o Ensino Religioso: o não confessional e o confessional[3]. O segundo foi a homologação da Base Nacional Comum Curricular (BNCC)

---

1 "Art. 6º Os professores ensinarão a ler, escrever, as quatro operações de arithmetica, pratica de quebrados, decimaes, proporções, as noções, mais geraes de geometria pratica, a grammatica da lingua nacional, e os principios de moral christã e da doutrina da religião catholica e apostolica romana, proporcionados a compreensão dos meninos; preferindo para as leituras a Constituição do Império e a historia do Brasil [...]" (IMPÉRIO DO BRASIL. Documentos complementares do Império do Brasil (15 de outubro de 1827). *In*: BONAVIDES, P.; AMARAL, R. *Textos políticos da história do Brasil*. Brasília, DF: Senado Federal, 1996. v. 1, p. 142).

2 "Art. 4º O Ensino Religioso nas escolas primárias de 1º grau do município da Corte constará das seguintes disciplinas: instrução moral, instrução religiosa, leitura, escrita [...]" (BARBOSA, R. Reforma do ensino secundário e superior. O Projeto de Reforma da Instrução Pública de Leôncio de Carvalho n 7.247, de 19 de abril de 1879. *In*: OBRAS COMPLETAS de Rui Barbosa. v. IX, 1882, tomo I. Rio de Janeiro: Ministério da Educação e Saúde, 1942).

3 BRASIL. *STF conclui julgamento sobre ensino religioso nas escolas públicas*. STF – Supremo Tribunal Federal, 2017. Disponível em: https://portal.stf.jus.br/noticias/verNoticiaDetalhe.asp?idConteudo=357099&ori=1. Acesso em: 26 jan. 2023.

em 2017[4], documento normativo que define o conjunto progressivo de aprendizagens essenciais a serem desenvolvidas ao longo da Educação Básica. Esse documento foi publicado em sua versão final em 2018, apresentando como a progressão das aprendizagens está estruturada em cada componente a partir de um conjunto de habilidades relacionadas a diferentes objetos de conhecimento, que são organizados em unidades temáticas. O Ensino Religioso, portanto, também se sistematiza em uma estrutura composta por unidades temáticas, objetos de conhecimento, competências e habilidades. Assim, pode-se afirmar que, pela primeira vez, o Ensino Religioso foi estruturado de modo a se vislumbrar *o que ensinar* e *como ensinar*. Nesse processo, um marco expressivo foi a definição de quem é o professor de Ensino Religioso – licenciado em Ciências da Religião[5].

Visando à sistematização e ao aprofundamento sobre esse componente curricular no cenário brasileiro, foi realizada uma série de publicações. Inicialmente, com a perspectiva de identificar o processo de estruturação do componente, citamos a obra "O processo de escolarização do Ensino Religioso no Brasil" (Vozes, 2002). Para a compreensão da história e da legislação, dos fundamentos do processo de ensino-aprendizagem, dos referenciais para a formação e a atuação na pesquisa e nos diferentes espaços escolares, o "Compêndio do Ensino Religioso" (coedição entre as editoras Sinodal e Vozes, 2017) destacou-se como uma síntese importante. Citamos, ainda, a obra "O Ensino Religioso na BNCC: teoria e prática para o Ensino Fundamental" (Vozes, 2020), que favoreceu o aprofundamento sobre a relação entre esse componente e a BNCC.

---

4 BRASIL. Ministério da Educação. Conselho Nacional de Educação. *Resolução CNE/CP n. 2, de 22 de dezembro de 2017*. Institui e orienta a implantação da Base Nacional Comum Curricular, a ser respeitada obrigatoriamente ao longo das etapas e respectivas modalidades no âmbito da Educação Básica. Brasília: MEC, [2017]. Disponível em: http://basenacionalcomum.mec.gov.br/images/historico/RESOLUCAOCNE_CP222DEDEZEMBRODE2017.pdf. Acesso em: 2 mar. 2023.

5 BRASIL. *Resolução n. 5, de 28 de dezembro de 2018*. Institui as Diretrizes Curriculares Nacionais para o curso de licenciatura em Ciências da Religião e dá outras providências. Brasília: MEC; CNE, 2018.

Nesse contexto de organização dos estudos e de aprofundamentos necessários para a prática pedagógica, apresentamos a coleção de **Cadernos pedagógicos para o Ensino Religioso** como uma ferramenta para contribuir e explicitar a aplicação metodológica desse componente. Esta coleção propõe relações teórico-práticas para que as habilidades propostas na BNCC possam ser desenvolvidas ao longo da escolarização em Ensino Religioso nas instituições brasileiras.

O **Caderno pedagógico para o Ensino Religioso: manifestações religiosas – volume 3** é o segundo de três publicações sobre esse componente no Ensino Fundamental. Como a Base Nacional Comum Curricular propõe, esse componente curricular precisa estar organizado de acordo com as seguintes unidades temáticas: 1) Identidades e alteridades; 2) Manifestações religiosas; e 3) Crenças religiosas e filosofias de vida. Neste volume, na Parte I, propomos, para a unidade temática **Manifestações religiosas**, textos que contribuem para a formação do professor e roteiros com atividades para o desenvolvimento dessa proposta junto aos estudantes.

Como componente curricular, o Ensino Religioso se organiza a partir das orientações indicadas para os processos de ensino-aprendizagem a se realizarem em ambientes pedagógicos, que possibilitam ampliar experiências e desenvolver as diferentes dimensões humanas: afetiva, motora, cognitiva, social, religiosa, imaginativa, lúdica, estética, criativa, expressiva e linguística. Diante disso, compreende-se que, sendo a escola um espaço de construção coletiva de conhecimentos, é necessário desenvolver uma proposta pedagógica que possibilite a articulação dos conteúdos com as vivências e as indagações dos estudantes e dos professores, contemplando a realidade em que vivem. Nesse contexto formativo de ensino-aprendizagem, o objetivo desse componente curricular consiste em buscar

> [...] construir, por meio do estudo dos conhecimentos religiosos e das filosofias de vida, atitudes de reconhecimento e respeito às alteridades. Trata-se de um espaço de aprendizagens, experiências pedagógicas,

> intercâmbios e diálogos permanentes, que visam ao acolhimento das identidades culturais, religiosas ou não, na perspectiva da interculturalidade, dos direitos humanos e da cultura da paz[6].

Nesse processo, é importante ter sempre presente que um componente curricular se compõe de saberes elaborados pela humanidade, sendo enriquecido pelas referências do mundo e da realidade em que o estudante está inserido. Portanto deverá apresentar especificidades e saberes próprios, construídos e sistematizados cultural e historicamente, fazendo-se necessário contemplar os eixos cognitivos que compõem a sua denominação como componente curricular, quais sejam: dominar linguagens; compreender os fenômenos; construir argumentação e elaborar propostas. Recorrendo-se aos conhecimentos desenvolvidos, portanto, busca-se favorecer o enfrentamento das situações considerando a diversidade sociocultural[7].

Com a intenção de fundamentar essa leitura do Ensino Religioso no Ensino Fundamental, propomos o seguinte percurso: compreender os pressupostos do Ensino Religioso na BNCC; explorar o conhecimento religioso – das visões religiosas "sobre" o mundo às práticas que agem "no" mundo; estudar os objetos de conhecimento do Ensino Religioso – conceitos, noções e aportes teóricos para a prática docente; e refletir sobre os conceitos do mundo religioso. Efetivamente, este caderno propõe uma formação sobre a estrutura conceitual estabelecida a partir da Base Nacional Comum Curricular.

Este caderno apresenta, ainda, na Parte II, **roteiros de atividades** elaborados com base nos objetos de conhecimento propostos para a unidade temática do Ensino Fundamental: **manifestações religiosas**. Os roteiros descrevem maneiras de estabelecer a interação com e entre os estudantes, visando ampliar as suas capacidades de aprendizagem,

---

6 BRASIL. Ministério da Educação. *Base Nacional Comum Curricular (BNCC)*: educação é a base. Brasília: CNE/CEB, 2018, p. 433. Disponível em: http://basenacionalcomum.mec.gov.br/images/BNCC_EI_EF_110518_versaofinal_site.pdf. Acesso em: 1º maio 2023.

7 INSTITUTO NACIONAL DE ESTUDOS E PESQUISAS EDUCACIONAIS ANÍSIO TEIXEIRA. *Matriz de referência para o Enem*. Brasília: Ministério da Educação, 2009.

ao contribuírem com o aprofundamento dos conhecimentos e, também, favorecerem o seu desenvolvimento, de modo a "[...] proporcionar o conhecimento, a valorização e o respeito às distintas experiências e manifestações religiosas, e a compreensão das relações estabelecidas entre as lideranças e denominações religiosas e as distintas esferas sociais"[8]. Com esse processo, intenciona-se, também, contribuir para que os estudantes se reconheçam protagonistas de suas aprendizagens e se tornem aptos a respeitar, compreender e acolher a singularidade e a diversidade humana.

Os roteiros de atividades são compostos das seguintes seções:

- **Observação**: contempla aspectos da realidade associados aos objetos de conhecimento e, portanto, de aprendizado. A observação pode ser realizada a partir de questionamentos, de uma reflexão contextualizada e associada a uma situação-problema ou não. Trata-se de uma primeira etapa para analisar o cenário, examinando aspectos do objeto em estudo. Na observação, exploram-se as informações iniciais e o conhecimento de cada estudante sobre a realidade relacionada ao objeto de estudo.

- **Identificação e análise**: define os aspectos que precisam ser conhecidos e compreendidos, ou seja, o que é o objeto de conhecimento e quais são as variáveis determinantes a situações, fatos, acontecimentos e outros aspectos que o compõem ou estão associados a ele. Após a identificação, faz-se a análise para propiciar suporte teórico-acadêmico que subsidiará a compreensão do que estiver sendo observado e explorado. Assim, o estudante pode compreender as situações e os problemas em uma abrangência maior, e não somente a partir de manifestações baseadas nas suas experiências. Entende-se que as reflexões sobre uma situação e seu referencial teórico permitem abordar diferentes formas de operacionalizar o objeto de conhecimento, explorando aspectos semelhantes e divergentes por meio de diversificados

8 BRASIL, 2018, p. 439.

fundamentos e mecanismos de resolução que, associados a uma situação-problema, permitem construir conhecimentos.

- **Apropriação e significação**: é a mobilização didática entre teoria e prática que impulsiona a dinâmica ação-reflexão-ação, a qual pode levar a uma ação criativa e transformadora. Essa prática -se realiza por meio de atividades e reflexões que conduzem à apropriação e à ressignificação dos saberes. Para isso, agrega-se um conjunto de informações empíricas, técnicas e científicas que, ao serem utilizadas para desenvolver o conhecimento, progressivamente estimularão a compreensão dos aspectos próprios de cada tradição religiosa, levando a rever ou (re)confirmar crenças, valores e conceitos prévios, aprofundar, mudar paradigmas e construir novos conhecimentos.
- **Atividade avaliativa**: o Ensino Religioso utiliza a avaliação processual oferecendo aos estudantes condições para que possam desenvolver competências mediante percepções diferenciadas sobre um mesmo dado social e religioso, num processo constante de construção e reconstrução de conhecimentos. Nesse sentido, são propostas atividades avaliativas para contribuir na verificação da aquisição de conceitos e desenvolvimento de competências e habilidades. A atividade avaliativa permite o acompanhamento do processo de ensino-aprendizagem, relevando os aspectos essenciais à formação integral.

Este **Caderno pedagógico para o Ensino Religioso** é composto pela contribuição de muitas pessoas que atuam como educadores e pesquisadores, sendo cada uma muito especial e importante. Nós, organizadores, agradecemos a colaboração, que permitiu tornar realidade esta coleção, e, especialmente, a confiança no projeto como uma possibilidade à prática docente. Também agradecemos aos leitores e lhes desejamos que, com este material, possam contribuir para que muitos estudantes ampliem as suas habilidades.

Sérgio Rogério Azevedo Junqueira
Marilac Loraine Oleniki
Francine Porfirio Ortiz
Organizadores

PREFÁCIO

Gilberto Garcia Gonçalves [9]

Este terceiro volume da coleção **Cadernos Pedagógicos para o Ensino Religioso** dá prosseguimento ao propósito da Editora Vozes de lançamento de um conjunto de ferramentas para auxiliar na aplicação metodológica do componente curricular Ensino Religioso para o Ensino Fundamental, inscrito na Base Nacional Comum Curricular (BNCC). Com essa função, este volume traz, em seu conteúdo, textos e roteiros de atividades para a unidade temática Manifestações religiosas, a segunda dentre as três unidades temáticas do componente curricular em apreço. Decomposto em duas partes, o volume reúne, na primeira delas, um conjunto de artigos, estudos e reflexões que aborda temas pedagógicos para a formação docente em seu desempenho didático sobre o componente curricular.

Com esse propósito, já no primeiro artigo, Sônia Itoz e Sérgio Junqueira tomam a discussão sobre os princípios do Ensino Religioso a partir da Base Nacional Comum Curricular (BNCC). De modo a favorecer a organização do componente curricular Ensino Religioso na estrutura escolar, os autores apontam alguns pressupostos imprescindíveis para esse fim. O primeiro deles destaca o caráter orgânico e sistemático da forma de se ministrar o Ensino Religioso, o que significa dizer que o processo de ensino-aprendizagem desse componente curricular se efetiva a partir da articulação entre os conteúdos de aprendizagem, vivências e observações de professores e estudantes no contexto dos

9 Doutor em Filosofia pela Universidade Federal do Rio de Janeiro (UFRJ). Reitor da Universidade São Francisco (USF). Presidente do Conselho Editorial da Editora Vozes. Membro do Conselho Editorial da Revista de Filosofia Scintilla do Instituto de Filosofia São Boaventura, da FAE – Centro Universitário. Professor adjunto doutor da Universidade São Francisco. Participa de conselhos e comissões de Educação Superior em Associações Brasileiras de Educação.

fatos associados aos objetos de conhecimento. Em seguida, sublinham as Ciências da Religião como base epistemológica para o Ensino Religioso, considerando seu objeto de estudo voltado para as manifestações e expressões religiosas oriundas dos legados das religiões.

A formação para o respeito à diversidade é outro pressuposto a ser observado, o qual se viabiliza pela seleção de conteúdos e estratégias afins. Quanto ao processo de ensino-aprendizagem em si, acentuam a importância de sua articulação a partir do desenvolvimento afetivo, cognitivo, psicossocial, físico, estético e moral-religioso do estudante. Entre outras conjecturas para a organização do Ensino Religioso, os autores enfatizam a dimensão da interatividade e ludicidade, cuja correlação viabiliza a exploração de saberes religiosos que circulam na dinâmica sociocultural. Também destacam o protagonismo do estudante como pessoa-sujeito que constrói saberes a partir do acesso ao conhecimento religioso. Do aspecto didático, os autores chamam a atenção para a necessidade de organização do componente curricular Ensino Religioso com prática didática contextualizada e estruturada, que pressuponha a avaliação processual como elemento integrador entre a aprendizagem do estudante e a atuação do professor. Do ponto de vista da estruturação do Ensino Religioso, ambos retomam os temas do conhecimento religioso e do fenômeno religioso como seus dois princípios básicos, cuja articulação deve operacionalizar o componente curricular a partir da interdisciplinaridade. Seu resultado se desdobra, desse modo, em fundamentos e expressões próprias. Por fim, o artigo ressalta o pressuposto da sensibilização para a alteridade como forma de se assegurar o respeito à diversidade religiosa.

A análise crítico-teórica do conceito de conhecimento religioso é o ponto de partida do ensaio de Elisa Rodrigues para a discussão da trajetória formativa do professor de Ensino Religioso. Intitulado "O conhecimento religioso: das visões religiosas 'sobre' o mundo às práticas que agem 'no' mundo", o texto diferencia a ideia de conhecimento religioso a partir de duas vertentes: a primeira, ligada à experiência religiosa, em que se admite uma *linguagem religiosa* representada por um conjunto de ideias, símbolos e imagens que definem a relação entre o fiel e a divindade. A segunda, ligada à produção científica sobre o tema do fenômeno religioso, com base em estudos sistemáticos sobre as religiões. Estabelecida essa distinção preliminar, a autora debate sobre os pressupostos e conceitos de conhecimento religioso na Base Nacional Comum Curricular (BNCC) para enfatizar o papel das Ciências da Religião como base da formação docente para o Ensino Religioso. Ademais, o texto nos apresenta uma descrição do chamado campo religioso brasileiro como um espaço de "encontros, empréstimos, rupturas e ressignificações de diferentes modos de crenças", cuja complexidade cultural legitima a inclusão do Ensino Religioso como área de formação na BNCC. A análise desenvolvida pela autora pretende conduzir ao porquê, no componente curricular Ensino Religioso, deve-se garantir primazia a um ensino *sobre* religião, e não *de* religião, nas escolas.

Em um segundo texto, Elisa Rodrigues aprofunda a abordagem da prática docente do Ensino Religioso. Dessa feita, visa reunir conceitos, noções e aportes teóricos em torno dos objetos de conhecimento desse componente curricular. Ao retomar o tema das diferenças conceituais sobre conhecimento religioso e o protagonismo das Ciências da Religião para a formação do professor, a autora passa a abordar os termos que considera fundamentais no estudo das religiões e da prática docente. Esses termos serão extraídos da pesquisa empírica sobre as tradições presentes no campo religioso brasileiro. Em particular, são analisados os conceitos de crença e crenças, religião, religiosidade, espiritualidade, experiência religiosa, enquanto fenômenos revelados no campo de evidências empíricas e que se manifestam em substantivos que nomeiam e conceituam práticas e condutas sociais guarnecidas em dimensões mítico-teológicas significativas para a vida individual e coletiva.

Nesse ambiente teórico, Elisa se adianta em mais dois conceitos que merecem discussão: fé e ideologia. Destes, emerge o debate sobre o fenômeno do fanatismo e do fundamentalismo e, em especial, do fundamentalismo religioso. Os conceitos de crendices e magia são também destacados na sequência, com acento para as crendices que provêm de sincretismos entre religiosidades distintas até se chegar ao conceito de religiosidade popular como forma de prática e conduta religiosa contraposta a uma religiosidade culta ou oficial. O elenco dos termos destacados pela autora se conclui com o enfoque para o conceito de sincretismo, que ela vê como fenômeno característico da formação da sociedade brasileira, estruturalmente constituído a partir de relações e contatos entre as distintas expressões religiosas no país. A autora, por fim, ressalta que o conhecimento científico sobre as religiões, com ênfase para as questões de morfologia e linguagem, tem um aspecto significativo para a qualidade da aula de Ensino Religioso, seu propósito e debate sobre os fenômenos religiosos.

O quarto artigo deste material trata do tema "Conceitos do mundo religioso". Para desenvolvê-lo, Gilbraz Aragão versa sobre seis tópicos modulares ao tema, a saber: experiências de transcendência; representações divinas e divindades; narrativas religiosas e textos sagrados; símbolos, mitos e ritos; crenças e convicções, interditos e valores religiosos; e liberdade religiosa e espaço público.

Sua abordagem sobre a transcendência ressalta a compreensão primária de que essa experiência não é exclusiva da tradição religiosa, mas também é assumida ou como contemplação estética ou como meditação filosófica. Acentua a ligação do tema com o sentido da vida e da morte, e de como as tradições religiosas, quando falam da vida após morte, podem transmitir e ensinar a interpretar esses mistérios da existência por doutrinas específicas, como o reencontro com a ancestralidade, a reencarnação ou a ressurreição. É nessa experiência que, segundo o autor, conforme as possibilidades de cada cultura, a transcendência se configura em determinadas representações divinas, em diferentes formas de divindades. A seguir, ele aborda o tema das narrativas religiosas e textos sagrados tendo como ponto de partida o conceito de tradição oral dos povos e culturas, lugar de transmissão de crenças e valores, dos entendimentos sobre o mundo, o humano e o divino. Da tradição oral à tradição escrita, Gilbraz acentua que alguns desses registros se transformam em textos sagrados e, outros, além de sagrados, são considerados textos revelados por uma divindade e quase sempre se dedicam a orientar as pessoas diante de si e do mundo, dando sentido à vida e à vida além da morte.

Da linguagem religiosa, o autor passa ao tema dos símbolos, ritos e mitos como lugar de sua composição. Símbolos, imagens, gestos, sons e palavras constituem, segundo ele, a linguagem das experiências religiosas, assim como, para a socialização dos seus mitos, cada religião cria espaços e tempos rituais ou litúrgicos próprios. Sobre crenças e convicções, interditos e valores religiosos, afirma que toda religião desperta uma dimensão de crença em um princípio que antecede e ultrapassa o ser humano, ou de descrença do homem em si e na ilusão de um eu separado da realidade. O fato é que grande parte das doutrinas religiosas se constrói intuitivamente em um transcurso histórico e cultural próprio que agrega os princípios, as ideias essenciais, as crenças, os ritos e as atitudes que constituem a tradição de uma comunidade. Por fim, o autor trata da questão da liberdade religiosa, de crença ou de convicção e espaço público, com destaque para sua articulação com o movimento moderno dos direitos humanos, considerando o fato de que esses direitos estão diretamente relacionados aos valores e ensinamentos das tradições religiosas.

Este volume da coleção **Cadernos Pedagógicos para o Ensino Religioso** se complementa, numa segunda parte, com a apresentação de roteiros de atividades baseados nos objetos de conhecimento propostos para a unidade temática Manifestações religiosas, a segunda para o Ensino Fundamental. Esses roteiros descreverão, com riqueza, criatividade e inovação, formas de estabelecer a interatividade com os estudantes de modo dialógico e participativo. Os roteiros de atividades são divididos em seções denominadas, respectivamente: observação, identificação e análise, apropriação e ressignificação, concluídos por uma atividade avaliativa.

Ao entregar esta série aos professores de Ensino Religioso, a Editora Vozes espera contribuir para a discussão continuada entre educadores e entidades ligadas ao Ensino Religioso sobre a importância desse componente curricular na Educação Básica; sobre a necessidade da formação profissional para sua docência; sobre o valor do uso de ferramentas pedagógicas criativas na aplicação metodológica do componente curricular Ensino Religioso; e sobre a demanda do aprimoramento teórico constante de sua fundamentação na Base Nacional Comum Curricular.

Aos educadores e pesquisadores que participaram desta edição, o nosso cordial agradecimento.

Parte I

Estudos e reflexões para o Ensino Religioso

1

PRESSUPOSTOS DO ENSINO RELIGIOSO A PARTIR DA BNCC

Sonia de Itoz[10]

Sérgio Rogério Azevedo Junqueira[11]

A Base Nacional Comum Curricular (BNCC), no que diz respeito ao Ensino Fundamental, foi homologada em 20 de dezembro de 2017 e publicada, contemplando todos os segmentos de ensino, no ano de 2018. Por meio dela, alteram-se regimentos e instruções que normatizam e objetivam a forma como a educação acontece no Brasil.

Com base na BNCC, o currículo incorpora a proposta pedagógica com "abordagem de temas contemporâneos que afetam a vida humana em escala local, regional e global [...] de forma transversal e integradora" (BRASIL, 2018, p. 19). Para isso, a Base Nacional Comum Curricular (2018) orienta um trabalho pedagógico integral que inclua os direitos da criança e do adolescente; a educação para o trânsito; a educação ambiental; a educação alimentar e nutricional; o processo de envelhecimento, respeito e valorização do idoso; a educação em direitos humanos; o conhecimento das relações étnico-raciais; e o ensino de história e cultura afro-brasileira, africana e indígena.

---

10 Mestra em Educação pela Pontifícia Universidade Católica de São Paulo (PUC-SP) e graduada em Filosofia pelas Faculdades Associadas do Ipiranga (FAI) e em Teologia pela Faculdade de Teologia Nossa Senhora da Assunção. É pesquisadora do Instituto de Pesquisa e Formação Educação e Religião (Ipfer), coordenadora de Ensino Religioso e de Pastoral Escolar no Colégio Emilie de Villeneuve (SP) e pesquisadora do Instituto de Pesquisa e Formação Educação e Religião (Iper). Autora de livros, artigos e materiais de Ensino Religioso e Pastoral Escolar.

11 Livre-docente em Ciência da Religião pela Pontifícia Universidade Católica do Paraná (PUC-SP), doutor e mestre em Ciência da Educação pela Universidade Pontifícia Salesiana (Roma-Itália), licenciado em Pedagogia pela Universidade de Uberaba (Uniube). Membro do Conselho Editorial da Revista de Educação da Associação Nacional de Educação Católica do Brasil (Anec) e da Revista de Pastoral da Anec.

O Ensino Religioso, especificamente, compreendido como uma das áreas de conhecimento para o Ensino Fundamental, assumiu uma perspectiva escolar que propõe à comunidade um percurso de ensino-aprendizagem capaz de colaborar com os estudantes, por meio do acesso ao conhecimento religioso, para que possam melhor compreender a sociedade em que participam e a qual constroem. Assim, os objetos de conhecimento apreendidos nesse componente curricular podem servir para, além de uma leitura de mundo respeitosa com as diferenças, ajudar os estudantes nos estudos posteriores e na sua atuação no mundo do trabalho.

Com a finalidade de organizar o Ensino Religioso como componente na estrutura escolar, indicamos alguns pressupostos:

Pressuposto 1

Ensino Religioso é um componente curricular ministrado de maneira orgânica e sistemática na escola.

O componente curricular Ensino Religioso propicia o domínio da linguagem simbólica e favorece a compreensão do fenômeno social religioso. Isso contribui para que o estudante enfrente situações que demandam a convivência e o respeito à diversidade. Para tanto, no decorrer do estudo, são apresentados ao estudante conhecimentos que possibilitam a construção de argumentos e a elaboração de propostas para o diálogo com as diferenças. Esse processo se realiza a partir da articulação entre os conteúdos de ensino-aprendizagem, as vivências e as indagações do professor e dos estudantes, mediante os fatos relacionados aos objetos de conhecimento e à realidade em que vivem.

Pressuposto 2

As ciências de referência são as Ciências da Religião, que permitem o estudo das manifestações religiosas a partir de expressões e fundamentos das tradições religiosas.

As Ciências da Religião investigam, sistematicamente, as religiões em todas as suas manifestações, com o compromisso de compreender o proselitismo, e não de promovê-lo. Sob a perspectiva de que a religião é um conhecimento social complexo, as Ciências da Religião instrumentalizam com o discurso científico o componente de Ensino Religioso sobre as diversas tradições religiosas. Isso possibilita a transposição didática para os estudantes, de modo que se possa estabelecer a relação entre as formas como os indivíduos se comunicam e se orientam fundamentados pelas linguagens (mito, símbolo, rito, doutrina etc.) e as práticas das diversas tradições religiosas. Possibilita, ainda, que se reconheça, na dinâmica de ensino-aprendizagem, como as manifestações religiosas interferem na organização social e nas escolhas tanto individuais quanto coletivas de temas do cotidiano, sem se limitar aos seus seguidores, mas abrangendo inclusive aqueles externos à crença.

Pressuposto 3

A seleção de conteúdos e estratégias ocorre a partir da compreensão de que o Ensino Religioso favorece a formação para o respeito à diversidade.

É certo que as pessoas não nascem odiando outras em decorrência de suas opções ou origem; é preciso ensiná-las a excluir. De modo lógico, pode-se considerar que o contrário também é possível: aprender o respeito ao diverso. Sob essa ótica, a escolha dos conteúdos e das estratégias de ensino é definida. Assim, para realizar o processo de ensino-aprendizagem previsto nesse componente, apresentando o conhecimento religioso sob o viés acadêmico, a seleção do conhecimento religioso se efetiva em vista de garantir ao estudante a compreensão de que cada tradição religiosa possui conteúdos específicos aos seus adeptos, que os acreditam legítimos. Como resultado, surgem formas de pensar, agir, cultuar, conduzir e decidir sobre suas vidas de maneiras diferentes. Nesse processo relacional entre as religiões que compõem a tessitura social, evidenciar o conhecimento a respeito das diferenças, contemplando as histórias e os mitos de fundação, as cosmologias e as teologias, as doutrinas e as práticas, atende à proposta de conhecer para compreender e compreender para respeitar.

Pressuposto 4

O processo de ensino-aprendizagem será articulado a partir do desenvolvimento afetivo, cognitivo, psicossocial, físico, estético e moral-religioso.

O ser humano é um ser em desenvolvimento, e a sua relação com os diferentes tipos de conhecimento tem inferência de seus diferentes estágios de maturação: físico, cognitivo, emocional, social e religioso. Nessa perspectiva, estabelece-se como referência para fundamentos pedagógicos Jean Piaget e James Fowler, junto a teorias de desenvolvimento humano e religioso, para orientar a seleção de conteúdos e estratégias ao desenvolvimento do currículo de Ensino Religioso, atendendo os estudantes em suas diferentes faixas etárias.

Pressuposto 5

Interatividade e ludicidade.

A ludicidade permeia as relações de aprendizagem nos mais diferentes campos, especialmente no afetivo, promovendo amadurecimento pessoal, nas esferas biopsicossociais e espirituais, e contribuindo para a ampliação de suas potencialidades, inclusive afetivas, além de promover o empoderamento em sua trajetória pessoal e comunitária. A ludicidade mobiliza a investigação e a apropriação de regras, códigos, rituais e organização associados aos objetos de conhecimento por meio de um processo que contempla a observação, a análise e a ressignificação de saberes. A interatividade, por sua vez, complementa o desenvolvimento de potencialidades ao promover os percursos de construção de conhecimentos, propiciando a compreensão dos conceitos religiosos a partir das tradições religiosas.

Nesse sentido, as informações são articuladas considerando o estágio e os aspectos do desenvolvimento do sujeito, assim como o caráter formativo que impulsiona a desenvolver as possibilidades de diálogo e do acolhimento ao diferente e às diferenças decorrentes da construção de significados, processo fundamentado na compreensão daquilo que é próprio de cada tradição religiosa e, portanto, de seus seguidores. Assim, a interação concatenada com a ludicidade viabiliza articular a exploração de saberes religiosos que circulam na dinâmica sociocultural.

Pressuposto 6

O Ensino Religioso e o estudante como sujeito.

O componente curricular favorece a relação entre estudante, conhecimento religioso e professor. Nessa relação, entende-se o professor como um mediador do processo de ensino-aprendizagem, disponível para o diálogo e com a capacidade de articular os conhecimentos: à realidade dos estudantes; aos saberes a respeito do fenômeno religioso; às percepções dos estudantes sobre identidades e alteridades; à dinâmica de análise e informação sobre as experiências e os saberes em diferentes tempos, espaços e territórios, considerando a forma como aparecem em relação às manifestações religiosas. Dessa forma, o estudante é a pessoa-sujeito que constrói saberes a partir do acesso a manifestações da realidade em que transitam as diversas identidades. Esse acesso favorece o reconhecimento das alteridades em diferentes espaços, assim como o entendimento do espaço da sala de aula enquanto local para a expressão de sua individualidade e de seus pares, promovendo o desenvolvimento de cidadãos cientes de direitos e deveres, necessários à convivência humana.

Pressuposto 7

O Ensino Religioso com avaliação processual que permeia objetivos, conteúdos e prática didática.

O Ensino Religioso utiliza-se da avaliação didático-pedagógica como elemento integrador entre a aprendizagem do estudante e a atuação do professor na construção do conhecimento. Os instrumentos para acompanhar a aprendizagem comum do processo de ensino precisam ser escolhas que possibilitem o exercício de formulação do saber e a argumentação, visando garantir a apropriação e a progressão das aprendizagens e das habilidades. No Ensino Religioso, faz-se necessário corresponder à forma de fazer desse componente por meio de informação, observação, reflexão e elaboração pessoal sobre a diversidade cultural-religiosa, de modo a ampliar as possibilidades de vedar quaisquer formas de proselitismo e juízos de valor.

Pressuposto 8

O Ensino Religioso é um componente com prática didática contextualizada e organizada.

A prática didática é sempre um ato intencional, numa atitude dialogal e cooperativa. Nesse processo, considera-se para a organização e o desenvolvimento dos objetos de conhecimento os critérios e os usos de materiais e recursos que garantam a contextualização, o aprofundamento de conceitos, a apropriação dos saberes e a colaboração dos estudantes. Esse dinamismo na prática didática possibilita a compreensão das manifestações religiosas que circulam na dinâmica sociocultural. Essa construção vai se arquitetando pela observação do que se constata, pela reflexão do que se observa e pela informação sobre o que se reflete. Ao longo do Ensino Fundamental, o estudante atualiza o seu conhecimento por meio da reflexão sobre as diferentes tradições religiosas e compreende, sob análise, as suas estruturas e o significado delas para a vida comunitária. Ainda, entende os seus princípios e os valores diferenciados como consequências do fenômeno religioso.

Pressuposto 9

O Ensino Religioso sensibiliza para a alteridade.

O Ensino Religioso trata do conhecimento religioso, que é, historicamente, construído pela humanidade. Os temas religiosos são complexos em si e muito mais em seu tratamento com a diversidade da sala de aula. Isso requer do professor um aprofundamento mais apurado, pois é nas relações do seu conhecimento religioso com o conhecimento do outro, distinto do seu, que se pode sensibilizar para o sentido da alteridade, ou seja, viabilizar aos estudantes construírem a sua identidade relacionando-se com o outro. Esse processo promove o acolhimento à singularidade e à diversidade do ser humano, discurso proposto pelas tradições religiosas.

Pressuposto 10

O Ensino Religioso é componente dos horários normais e assegura o respeito às diversidades cultural e religiosa.

O Ensino Religioso parte sempre do convívio social dos estudantes, para que se respeite a tradição religiosa trazida de suas famílias e, assim, se salvaguarde a liberdade de expressão religiosa de cada um. O estudante, então, pode se desenvolver no desarmamento pessoal de suas relações sociais, no empenho pelo entendimento mútuo, na valoração e na promoção da paz e na fraternidade. Ao explorar o respeito à diversidade cultural e religiosa junto aos estudantes, prima-se pela estimulação do protagonismo em vista de sua participação cidadã, levando ao reconhecimento de práticas de direitos e deveres que propiciem o convívio e o respeito entre as culturas e as tradições religiosas.

Pressuposto 11

Compreende a articulação a partir de dois princípios que operacionalizam o Ensino Religioso: o conhecimento religioso e o fenômeno religioso.

Compreendendo que o objeto de estudo desse componente é o fenômeno religioso, os seus conteúdos precisam promover estudos sistemáticos e empíricos sobre as tradições religiosas, reconhecidos como parte da produção cultural-religiosa da humanidade. Esse encadeamento para tratar didaticamente dos fenômenos religiosos em suas múltiplas manifestações e dos conhecimentos religiosos com base em pressupostos éticos e científicos viabiliza nortear o trabalho do professor a partir de duas diretrizes: primeiro, a interdisciplinaridade relacionada às diferentes formas de organizar o conhecimento religioso envolvendo projetos e estudos em parceria com outros componentes, bem como as dimensões sociais, culturais e outras; segundo, o estudo não normativo das religiões, evitando-se a todo custo juízos pessoais de valor e primando pelo reconhecimento e pelo respeito às histórias e às crenças.

Pressuposto 12

Os eixos articuladores da proposta de conteúdo para o Ensino Religioso são: fundamentos e expressões.

Para a articulação dos conteúdos, são propostos como eixos de conteúdo os fundamentos e a expressão. Os fundamentos explicitam a questão da cosmovisão e do *éthos* que estruturam conceitos, visando compreender as tradições religiosas. Por sua vez, as expressões explicitam, por meio do conhecimento dos costumes, das tradições e da linguagem, os aspectos que influenciam as relações sociais.

Pressuposto 13

O Ensino Religioso será distinto e complementar ao trabalho pastoral nas escolas confessionais.

A legislação educacional brasileira reconhece que as instituições confessionais possuem uma ideologia própria, demandando em sua manutenção estabelecer a própria identidade religiosa, vinculada às opções da tradição religiosa de pertença. Por esse motivo, estabelece-se que o Ensino Religioso será compreendido como um componente curricular com objetivo e estratégias de acordo com a leitura pedagógica escolar, podendo, cada instituição, oferecer aos estudantes e aos familiares ações que explicitem a confessionalidade, havendo, então, orientações específicas e distintas para uma proposta de Pastoral Escolar.

Finalizamos destacando que tudo o que é proposto para o Ensino Religioso, conforme orienta a BNCC, não está somente sob a responsabilidade daqueles que educam. Não está nas mãos da escola ou das Secretarias de Educação. É, antes de tudo, uma responsabilidade de toda a comunidade educativa, visando à educação para a superação da intolerância e para a paz.

Contudo é possível afirmar que há diferentes possibilidades de se educar para a paz por meio do Ensino Religioso proposto pela BNCC. Embora muitos dos elementos que esse documento apresenta já tenham sido pautas históricas, muito ainda precisa ser feito para garantir a efetivação dos seus objetivos. Entre possibilidades e concretude, há um longo caminho a percorrer e, com toda certeza, não depende apenas da escola ou dos professores. É mais do que necessário formação, capacitação, acompanhamento e avaliação para tudo o que for proposto enquanto implementação desse novo Ensino Religioso como componente do currículo escolar.

Portanto o Ensino Religioso preconizado na BNCC apresenta possibilidades de educar para a paz por meio da valorização dos direitos humanos, na proposição de um ensino pluralista que visa ao reconhecimento e à valorização das diferenças.

REFERÊNCIAS

BRASIL. Ministério da Educação. *Base Nacional Comum Curricular (BNCC)*: educação é a base. Brasília: CNE/CEB, 2018, p. 433. Disponível em: http://basenacionalcomum.mec.gov.br/images/BNCC_EI_EF_110518_versaofinal_site.pdf. Acesso em: 1º maio 2023.

BRASIL. Ministério da Educação. Conselho Nacional de Educação. Súmula de pareceres: Reuniões Ordinárias dos dias 7 a 10 de outubro de 2019 (Complementar à publicada no DOU de 22/11/2019). Brasília: CNE, 2019.

FREITAS, E. M. L. M. de. Base Nacional Comum Curricular do Ensino Religioso: primeiro passo para os percursos da aprendizagem dessa área do conhecimento. *Último Andar*, n. 28, p. 43-58, 2016. Disponível em: https://revistas.pucsp.br/ultimoandar/article/view/29726/20680. Acesso em: 5 maio 2023.

JUNQUEIRA, S. R.; ITOZ, S. Escola Católica: Ensino Religioso e a BNCC. *ANEC Educação: Educação, Educação Católica e Ensino Religioso*, v. 45, n. 158, p. 12-27, 2019.

SILVA, J. C. da. O currículo e o Ensino Religioso na BNCC: reflexões e perspectivas. *Revista Pedagógica*, v. 20, n. 44, p. 56-65, 2019. Disponível em: https://bell.unochapeco.edu.br/revistas/index.php/pedagogica/article/view/4441. Acesso em: 5 maio 2023.

SUGESTÕES DE LEITURA

JUNQUEIRA, S.; BRANDENBURG, L.; KLEIN, R. (org.). *Compêndio do Ensino Religioso*. São Leopoldo: Sinodal; Petrópolis: Vozes, 2017.

- Ensino Religioso e área de conhecimento – Elisa Rodrigues, p. 117-130.
- Objeto de estudo, objetivos e eixos do Ensino Religioso na Base Nacional Comum Curricular – Eunice Simões Lins e Rosilene Silva da Cruz, p. 143-146.
- Avaliação do processo de ensino-aprendizagem no Ensino Religioso – Eliane Maura Littig e Milhomem de Freitas, p. 201-206.

SILVEIRA, E. S. da.; JUNQUEIRA, S. (org.). *O Ensino Religioso na BNCC*: teoria e prática para o Ensino Fundamental. Petrópolis: Vozes, 2020.

- O Ensino Religioso segundo a BNCC – Sérgio Rogério Azevedo Junqueira e Sonia de Itoz, p. 74-92.
- Diretrizes do Ensino Religioso na Base Nacional Comum Curricular: aportes teóricos e ideias para a prática docente no Ensino Fundamental – Elisa Rodrigues, p. 93-113.

2

O CONHECIMENTO RELIGIOSO: DAS VISÕES RELIGIOSAS "SOBRE" O MUNDO ÀS PRÁTICAS QUE AGEM "NO" MUNDO

Elisa Rodrigues[12]

Primeiros passos

> *[...] não importa ao Ensino Religioso testar e verificar a verdade do conhecimento religioso, mas perceber como algumas pessoas a partir de suas experiências de fé abordam e dão significado aos conteúdos da vida* (RODRIGUES, 2021, p. 168).

Na trajetória formativa do professor de Ensino Religioso, é preciso ajustar a direção e definir teoricamente algumas noções que serão importantes no momento do planejamento das aulas e das práticas de ensino. Uma dessas noções a definir é a de **conhecimento religioso**. Geralmente, existem duas acepções por meio das quais nos referimos ao conhecimento religioso.

A primeira diz respeito ao conhecimento religioso produzido no interior das religiões, pelos seus fiéis na relação com suas divindades e entidades espirituais. Esse conhecimento está diretamente ligado à experiência religiosa das pessoas religiosas e aos discursos sobre

---

12 Doutora em Ciências Sociais pela Universidade Estadual de Campinas (Unicamp), doutora e mestra em Ciências da Religião pela Universidade Metodista de São Paulo (Umesp), especialista em Ensino Religioso pela Faculdade Teológica Batista de São Paulo (FTBSP), graduada em Sociologia e Política pela Fundação Escola de Sociologia e Política de São Paulo (Fesps) e em Teologia (FTBSP). É professora adjunta no Instituto de Ciências Humanas da Universidade Federal de Juiz de Fora (UFJF), ocupando a cadeira de Religião e Educação.

essas experiências, que são produzidos pelos fiéis, ou seja, às suas interpretações sobre as revelações, as orientações, os mandamentos e as comunicações de suas divindades para a comunidade. Vale dizer, então, que as experiências religiosas, assim como os discursos religiosos, dependem de narrativas míticas (orais e/ou escritas), práticas rituais e doutrinas religiosas que cada modalidade de crença, isto é, religião, desenvolve com a intenção de promover ligação com o que entendem como divindade ou transcendente.

Nesse sentido, admite-se que existe uma **linguagem religiosa** por meio da qual o fiel e a sua divindade se comunicam, isto é, um conjunto de ideias, símbolos e imagens por meio do qual o fiel e a divindade se entendem. Para se compreender melhor esse ponto, segue uma situação que o ilustra. Uma pessoa externa aos rituais cristãos católicos, como à prática da comunhão dominical, pode não compreender o significado desse momento na liturgia de uma missa católica. Especificamente, pode não compreender o significado da hóstia e o que ela representa para quem a recebe do padre. Da mesma maneira, uma pessoa externa ao candomblé pode não compreender o sentido da oferenda que certos filhos e filhas de santo realizam para os seus orixás. Tanto num exemplo como no outro, o que está pressuposto?

Está pressuposto que a participação na comunhão católica e a realização da oferenda no candomblé são práticas religiosas realizadas por fiéis para as suas divindades, as quais carregam finalidades que fazem sentido dentro de suas religiões de origem. Nesses rituais, ambas as pessoas religiosas se comunicam com as suas divindades por meio de narrativas míticas (orais e/ou escritas), práticas rituais e doutrinas religiosas que cada modalidade de crença desenvolveu, a partir "de ideias, de símbolos e de imagens" peculiares aos seus sistemas de crenças. Em outras palavras, uma pessoa não católica pode não estar familiarizada com o significado da comunhão para o crente católico, assim como uma pessoa não frequentadora de terreiros pode não compreender o significado da oferenda para o povo de santo. Isso ocorre porque existe um conhecimento religioso produzido no interior das religiões, por intermédio do qual os fiéis se relacionam e se comunicam com suas divindades e entidades espirituais.

A segunda acepção de conhecimento religioso é aquela proveniente da produção científica realizada no âmbito das universidades e dos centros de estudo e pesquisa sobre o fenômeno religioso. Portanto trata-se do conhecimento que se obtém a respeito das religiões, baseado no estudo sistemático das várias formas da religião, por meio dos modos como se expressam (linguagens), das suas performances rituais (liturgias), dos relatos de experiência (testemunhos), dos objetos religiosos, das comidas e das vestimentas sagradas, das teologias, dos códigos de usos, dos costumes e das condutas (doutrinas e regimentos) etc. Esse tipo de conhecimento caracteriza-se por ser descritivo, analítico e crítico. Pode ser formulado com base em quadros teórico-metodológicos de disciplinas das ciências do espírito (ou das ciências humanas) que, em geral, debruçam-se sobre a religião na condição de um tema de pesquisa e/ou objeto de investigação. Esse é, então, um saber produzido como resultado de alguma abordagem científica da religião enquanto fenômeno histórico e social, cuja emergência e dinâmica importa para se conhecer mais das tradições religiosas, das suas relações com os sujeitos religiosos e da sua emergência e agência na sociedade, nas diferentes dimensões da vida: histórica, social, política, econômica, cultural e subjetiva.

Em outras palavras, trata-se de um conhecimento histórico-sistemático sobre as formas da religião, as suas ideias e as suas crenças, cuja finalidade, especialmente nas Ciências da Religião (CRE), é a compreensão do fenômeno religioso. Aí está o pulo do gato.

Para se compreender o fenômeno religioso, parte do trabalho do especialista é estudar a religião a partir da própria religião, isto é, considerando as suas narrativas míticas, os seus ritos e os relatos de experiência religiosa produzidos pelos seus fiéis. Nesse sentido, no escopo de interesse de quem estuda religião, faz parte a linguagem religiosa: seus mitos, seus ritos e seus símbolos. E de onde viria a matéria-prima dos estudos dos cientistas da religião, senão das próprias tradições religiosas e das vivências de seus fiéis? Assim, da apreciação científica dessa matéria resulta o conhecimento a respeito do fenômeno religioso, o qual se preocupa com as visões religiosas "sobre" o mundo, que modelam as práticas de pessoas religiosas "no" mundo.

Dessa forma, pode-se afirmar que existe: o conhecimento religioso endógeno da religião, isto é, que se origina no interior da tradição religiosa; e o conhecimento sobre a religião que provém de abordagens externas à religião, isto é, dos estudos e das pesquisas sobre a morfologia da religião.

O que é o conhecimento religioso segundo a BNCC? Destrinchando pressupostos e conceitos

Vamos para o texto da Base Nacional Comum Curricular (BRASIL, 2018, p. 436), no qual se lê:

> O conhecimento religioso, objeto da área do Ensino Religioso, é produzido no âmbito das diferentes áreas do conhecimento científico das Ciências Humanas e Sociais, notadamente da(s) Ciência(s) da(s) Religião(ões). Essas ciências investigam a manifestação dos fenômenos religiosos em diferentes culturas e sociedade enquanto um dos bens simbólicos resultantes da busca humana por respostas aos enigmas do mundo, da vida e da morte. De modo singular, complexo e diverso, esses fenômenos alicerçam distintos sentidos e significados de vida e diversas ideias de divindade(s), em torno das quais se organizaram cosmovisões, linguagens, saberes, crenças, mitologias, narrativas, textos, símbolos, ritos, doutrinas, tradições, movimentos, práticas e princípios éticos e morais. Os fenômenos religiosos em suas múltiplas manifestações são parte integrante do substrato cultural da humanidade.

Como se pode perceber, o texto da BNCC pressupõe que a área de referência à formação docente para o Ensino Religioso é, preferencialmente, as Ciências da Religião. Outras áreas das Ciências

Humanas e Sociais, como História, Filosofia e Ciências Sociais, também forneceriam recursos para habilitar docentes para a prática do Ensino Religioso. No entanto, ao se identificar nas CRE a área preferencial para a formação docente, reconhece-se que essa área concede, com mais foco, a atenção necessária ao fenômeno religioso com vistas à sua compreensão – especialmente com o objetivo de perceber como as religiões se manifestam em diferentes sociedades e culturas no decorrer dos tempos. É interessante notar que, ao chamá-las de "bens simbólicos", o que se pretende é afirmar que as religiões e as suas tradições constituem uma espécie de patrimônio das sociedades, porque, de diferentes formas, elas participam da vida social, política, econômica, cultural e subjetiva das pessoas nas suas ações e relações sociais, fornecendo significados que interferem nas opiniões e nas condutas individuais e coletivas. E como elas fariam isso?

A resposta é simples: ao se comunicarem por meio de "cosmovisões, linguagens, saberes, crenças, mitologias, narrativas, textos, símbolos, ritos, doutrinas, tradições, movimentos, práticas e princípios éticos e morais" (BRASIL, 2018, p. 432), as religiões contribuem para a formação de um substrato de cultura que é compartilhado pelas pessoas que vivem em alguma sociedade.

No caso do Brasil, pode-se dizer que o nosso **substrato de cultura** é fortemente marcado por referências originárias da tradição cristã católica, as quais se amalgamaram às tradições indígenas já aqui presentes e, finalmente, às tradições africanas trazidas pelos povos negros que vieram escravizados para as terras brasileiras. Por causa da elasticidade típica dos fenômenos religiosos, capazes de se adaptar aos distintos contextos históricos e às transformações sociais, essas tradições contribuíram para a formação do que chamamos de campo religioso brasileiro: um espaço de encontros, empréstimos, rupturas e ressignificações de diferentes modos de crenças, institucionalizadas ou não, que disputam legitimidade e consolidação no espaço público e diante da opinião pública.

Diante dessa noção de substrato de cultura, pode-se compreender que mesmo as pessoas que não professam fé em um credo religioso específico e/ou não frequentam espaços religiosos, muitas vezes, entendem alguns símbolos religiosos com os quais se deparam, porque podem identificá-los nas ruas, nas praças, nos bairros, nas cidades, enfim, na vida cotidiana. Por isso, pode-se afirmar que, em certas sociedades, fenômenos religiosos são parte integrante de um substrato cultural compartilhado – como se pode considerar o gesto do sinal da cruz em frente aos templos católicos –, por meio de expressões que algumas pessoas reproduzem até sem pensar – "Ave Maria!", "Misericórdia", "Axé", "Valha-me Deus!", "Nossa...!", dentre outras – e/ou em nomes de espaços públicos como ruas, escolas, bibliotecas etc.

Essa presença da religião em sociedades como a brasileira é um dos argumentos que dão respaldo à existência do Ensino Religioso na BNCC. Isso porque, ao abordar os fenômenos religiosos a partir de seus conhecimentos, sobretudo à luz de pressupostos ético-científicos e sem privilegiar nenhuma religião, está se oportunizando à sociedade um espaço de aprendizagem sobre esse conhecimento que integra a nossa vida social, por meio das distintas identidades religiosas que cidadãos assumem em nosso dia a dia. Mesmo para pessoas que assumem filosofias seculares de vida, portanto, esse conhecimento pode ser produtivo para o desenvolvimento de relações sociais baseadas em reconhecimento e respeito. Por isso, tanto pesquisa quanto diálogo são considerados na BNCC (BRASIL, 2018, p. 432) como "princípios mediadores e articuladores dos processos de observação, identificação, análise, apropriação e ressignificação de saberes", que permitirão docentes e discentes problematizarem "representações sociais preconceituosas sobre o outro, com o intuito de combater a intolerância, a discriminação e a exclusão".

Daí a importância de uma segunda distinção de caráter léxico, relacionada à precisão no uso das palavras, mas que também reflete uma compreensão de fundo epistemológico. Qual seria a diferença entre o ensino "sobre" religião e ensino "de" religião na sala de aula? E quais seriam as consequências de um ensino sobre religião ou de religião nas escolas?

Por que o ensino "sobre" religião e não "de" religião nas escolas, quando o componente curricular é Ensino Religioso?

Primeiramente, falar sobre algo nem sempre é o mesmo que falar de algo. Quando se fala sobre algo, o que se faz é descrever esse algo. É, portanto, falar a respeito de alguma coisa, objeto, pessoa ou grupo. Mas falar de algo, muitas vezes, implica demarcar uma procedência, um discurso de origem e, com certa frequência, num sentido de subordinação. Daí que, em termos gerais, religiosos fazem o ensino de religião porque estão comprometidos com uma religião de origem, enquanto docentes de Ensino Religioso devem falar sobre religião com a finalidade de "construir, por meio do estudo dos conhecimentos religiosos e das filosofias de vida, atitudes de reconhecimento e respeito às alteridades", justamente porque, no Ensino Religioso como componente curricular, objetiva-se favorecer "o reconhecimento e respeito às histórias, memórias, crenças, convicções e valores de **diferentes** culturas, tradições religiosas e filosofias de vida" (BRASIL, 2018, p. 433, grifo nosso).

Essa precisão no uso das palavras guarda um peso epistemológico. De modo geral, a epistemologia é uma teoria do conhecimento, uma reflexão crítica sobre paradigmas, conclusões e métodos usados na relação entre quem pesquisa e o que se pesquisa. Assim, a distinção epistemológica que se pode elaborar quando se assume que há diferença entre "sobre" e "de" é que, no Ensino Religioso ensejado pela BNCC, a abordagem do fenômeno religioso, embora considere o ponto de vista religioso, o faz com vistas à compreensão desse conhecimento e sua lógica, mas não para promovê-lo, principalmente em escolas públicas. Contrariamente a isso, quando se faz ensino de religião, a abordagem tende a veicular determinado discurso religioso em detrimento de outros. Sabidamente, tal prática não está de acordo com os dispositivos legais que prescrevem que o Ensino Religioso enquanto componente curricular deve promover o conhecimento das diversidades religiosas. A esse tipo de Ensino Religioso estão vedados quaisquer proselitismos religiosos, especialmente em se tratando de escolas públicas:

> Cabe ao Ensino Religioso tratar os conhecimentos religiosos a partir de pressupostos éticos e científicos, sem privilégio de nenhuma crença ou convicção. Isso implica abordar esses conhecimentos com base nas diversas culturas e tradições religiosas, sem desconsiderar a existência de filosofias seculares de vida (BRASIL, 2018, p. 432).

Em segundo lugar, pode-se afirmar que o Ensino Religioso ensejado pela BNCC e baseado nas CRE flerta com um novo entendimento de epistemologia. De acordo com essa perspectiva, esse componente deve ser proposto como um convite para pensarmos como conhecemos as coisas e a nós mesmos, a partir de relatos de experiência sobre episódios corriqueiros que indicam semelhanças e diferenças em nossas vidas. Supõe-se que falar sobre religião nessa perspectiva epistemológica aberta às experiências superaria o cientificismo duro, que não reconhece a força da religião, tampouco a vê como fenômeno pulsante. Contrariamente a isso, essa perspectiva adota o posicionamento de que a sua tarefa não é

> [...] desmascarar nossas utopias, desvendar nossos sonhos ou destruir a poesia de nossa existência. Sua tarefa é mostrar que o "conhecimento" no sentido religioso pode ser um caminho de Justiça e de Amor, ou de Submissão e Injustiça, se não estivermos atentas(os) para o fato de que contém uma força incrível. É a força de nossos sonhos e crenças profundas, do fio que interliga todos os elementos de nossa vida e ajuda a construir o sentido dado a nossa existência (GEBARA, 1997, p. 27-28).

Isso significa que falar "sobre" religião na sala de aula é falar daquilo que se manifesta como fenômeno no campo das evidências, que é a vida mais cotidiana, corriqueira e ordinária. Significa reconhecer que o conhecimento religioso possui uma visão e uma compreensão sobre a humanidade e o mundo, que se refletem na ação de interpelá-lo, de interagir com ele, de transformá-lo e, por conseguinte, na produção de consequências que afetam tanto pessoas religiosas quanto não religiosas. O ensino "sobre" religião prepara as pessoas, religiosas ou não, para participarem da vida em sociedade.

Segundo a BNCC (BRASIL, 2018, p. 433), "o Ensino Religioso busca construir, por meio do estudo dos conhecimentos religiosos e das filosofias de vida, atitudes de reconhecimento e respeito às alteridades". Nesse sentido, pode-se afirmar que um ensino "sobre" religião que aborda a diversidade das tradições religiosas de maneira descritiva, comparativa e analítica, segundo uma perspectiva epistemológica aberta às diferentes experiências da religião e à legitimidade desses saberes, tem o potencial positivo de preparar estudantes de diferentes cortes socioeconômicos, culturais, étnico-raciais, geracionais e de gênero para uma **crítica** respeitosa da religião. Esse Ensino Religioso possibilita: o desenvolvimento de habilidades de reconhecimento e cuidado de si e do outro; o respeito à pluralidade e à liberdade de modos de ser, crer, viver e pensar; bem como a abertura ao diálogo com o diferente, a despeito das diferenças. Todas essas competências são fundamentais para a construção de uma sociedade balizada pelos direitos humanos, que se quer justa e democrática.

Nesses termos, o Ensino Religioso que aborda o conhecimento religioso constitui

> [...] um espaço de aprendizagens, experiências pedagógicas, intercâmbios e diálogos permanentes, que visam ao acolhimento das identidades culturais, religiosas ou não, na perspectiva da interculturalidade, direitos humanos e cultura da paz. Tais finalidades se articulam aos elementos da formação integral dos estudantes, na medida em que fomentam a aprendizagem da convivência democrática e cidadã, princípio básico à vida em sociedade (BRASIL, 2018, p. 433).

Em outras palavras, o conhecimento religioso proposto pelo Ensino Religioso reflexivo assume a natureza de um componente curricular que, ao abordar os saberes religiosos, as experiências religiosas e as linguagens por meio das quais a religião se faz presente no cotidiano, destaca as características, as similaridades, as recorrências, as continuidades, as ressignificações e as rupturas que o fenômeno religioso em suas variedades apresenta. Ao fazer isso, o Ensino Religioso contribui para explicitar aquilo que as religiões têm de diferente, mas também aquilo no que se aproximam e se tocam. As similaridades, portanto, servem ao importante intento de demonstrarem o quanto as pessoas religiosas têm em comum, na medida em que, por vezes, expressam questões, dúvidas, carências, sentimentos, problemas e demandas semelhantes. Essa percepção é fundamental para a realização do "acolhimento das identidades culturais, religiosas ou não" (BRASIL, 2018, p. 437), numa perspectiva de reconhecimento e respeito que assegure direitos humanos e uma cultura de paz.

Considerações finais

Retomando o subtítulo desse texto – das visões religiosas "sobre" o mundo às práticas que agem "no" mundo –, vale chamar a atenção ao fato de que o conhecimento religioso não é algo que se circunscreve apenas à dimensão da vida privada das pessoas religiosas. Como afirmamos anteriormente, esse conhecimento religioso se materializa na vida em sociedade, por isso salientamos que os diferentes modos de crença constituem visões religiosas "sobre" o mundo, as quais resultam em práticas dessas pessoas religiosas "no" mundo. Compreender esse movimento e a sua importância para pessoas que professam alguma fé é tão necessário quanto saber que ele também afeta pessoas com filosofias seculares de vida. E, no Brasil, isso ocorre porque Estado, sociedade e cultura se formaram em diálogo com um substrato de referências religiosas que se presentifica nas ruas, no comércio, nas relações de trabalho, em espaços públicos, nos grupos de amigos, na política, no esporte, nos núcleos familiares e nos mais diversos lugares.

Nesse sentido, não cabe ao Ensino Religioso debater a verdade do conhecimento religioso. O que interessa a esse componente curricular é observar, analisar e compreender o campo religioso brasileiro, acolhendo o fato de que, para as pessoas que possuem fé, a experiência da religião é plena de significados. É ela que preenche de sentidos os conteúdos da vida.

REFERÊNCIAS

BRASIL. Ministério da Educação. *Base Nacional Comum Curricular (BNCC)*: educação é a base. Brasília: CNE/CEB, 2018, p. 433. Disponível em: http://basenacionalcomum.mec.gov.br/images/BNCC_EI_EF_110518_versaofinal_site.pdf. Acesso em: 1 maio 2023.

GEBARA, I. *Teologia ecofeminista*: ensaio para repensar o conhecimento e a religião. Perdizes: Olho d'Água, 1997.

RODRIGUES, E. Ensino Religioso e área de conhecimento. *In*: JUNQUEIRA, S. R. A.; BRANDENBURG, L. E.; KLEIN, R. (org.). *Compêndio do Ensino Religioso*. São Leopoldo: Sinodal; Petrópolis: Vozes, 2017.

RODRIGUES, E. *Ensino Religioso*: uma proposta reflexiva. Belo Horizonte: Senso, 2021.

SUGESTÕES DE LEITURA

JUNQUEIRA, S. R. A.; BRANDENBURG, L. E.; KLEIN, R. (org.). *Compêndio do Ensino Religioso.* São Leopoldo: Sinodal; Petrópolis: Vozes, 2017.

- Conhecimento religioso – Ednilson Turozi de Oliveira, p. 156-166.
- Objeto de estudo – Manoel Ribeiro de Moraes Júnior e Emerson José Sena da Silveira, p. 167-181.

SILVEIRA, E. S. da.; JUNQUEIRA, S. (org.). *O Ensino Religioso na BNCC*: teoria e prática para o Ensino Fundamental. Petrópolis: Vozes, 2020.

- Conhecimento religioso: possibilidades de aprendizagem a partir da BNCC – Edile Maria Fracaro Rodrigues, p. 114-133.

3

OS OBJETOS DE CONHECIMENTO DO ENSINO RELIGIOSO: CONCEITOS, NOÇÕES E APORTES TEÓRICOS PARA A PRÁTICA DOCENTE

Elisa Rodrigues[13]

Primeiros passos

O conhecimento religioso pode ser entendido sob duas acepções. A primeira diz respeito ao conhecimento produzido pelos próprios religiosos em suas experiências com narrativas míticas e rituais, que dão origem às suas visões de mundo e modelam as suas práticas em sociedade. Em outras palavras, os saberes religiosos, além de orientarem a vida espiritual (subjetiva) de seus fiéis, servem para a vida prática dessas pessoas, que, orientadas por essas visões religiosas, constituem as suas identidades sociais, orientam as suas condutas em sociedade, formulam opiniões, tomam decisões etc.

Já a segunda acepção de conhecimento religioso diz respeito ao conhecimento que se produz no interior das universidades, dos centros de pesquisa e dos grupos de estudos que se importam com o fenômeno religioso e buscam compreendê-lo nas suas relações com as pessoas individualmente e em sociedade. Essa acepção do conhecimento

13 Doutora em Ciências Sociais pela Universidade Estadual de Campinas (Unicamp), doutora e mestra em Ciências da Religião pela Universidade Metodista de São Paulo (Umesp), especialista em Ensino Religioso pela Faculdade Teológica Batista de São Paulo (FTBSP), graduada em Sociologia e Política pela Fundação Escola de Sociologia e Política de São Paulo (Fesps) e em Teologia (FTBSP). É professora adjunta no Instituto de Ciências Humanas da Universidade Federal de Juiz de Fora (UFJF), ocupando a cadeira de Religião e Educação.

religioso aborda os saberes religiosos tomando-os como matéria-prima. Assim, narrativas míticas, rituais, códigos de usos, costumes e condutas, teologias, bem como as crenças e as ideias religiosas refletidas nas diferentes doutrinas religiosas constituem objeto de interesse das ciências que se debruçam sobre o fenômeno religioso. Dessas ciências humanas e sociais, destacamos o protagonismo das Ciências da Religião (CRE), cujo aporte de instrumentos teóricos e metodológicos prioriza a religião como seu objeto primordial de estudo e compreensão. Nesse sentido, caracteriza-se como uma ciência interpretativa, a qual toma relatos de experiência religiosa como fontes e busca observá-los, analisá-los e compreendê-los nos mesmos termos empregados por aqueles que os produzem.

O Ensino Religioso, assim como previsto na Base Nacional Comum Curricular (BNCC), sugere objetos de conhecimento que correspondem aos conteúdos, aos conceitos e aos processos relacionados aos modos de crença e às manifestações religiosas repletas de significados que emergem da vida social. Entendendo que o fenômeno religioso está em um campo no qual se movem diferentes religiões e suas tradições, cabe ao docente identificar e destacar o potencial que cada variedade de religião constitui, isto é, um universo de símbolos e imagens a partir do qual as pessoas leem o mundo. Com a ampliação desse universo, pode-se promover nos estudantes a habilidade de ler, falar a respeito e escrever argumentativamente sobre tais modos de crença. Com isso, serão desenvolvidas de maneira contextualizada habilidades de leitura, oralidade e escrita que contribuirão para a formação desses estudantes e, ainda, promoverão a compreensão do conhecimento religioso.

Nesse sentido, pode-se afirmar que, em Ensino Religioso, as habilidades de falar a respeito, identificar semelhanças e diferenças, decifrar significados de símbolos e estabelecer relações entre as crenças religiosas trabalham objetos de conhecimento como mitos, ritos, crenças religiosas, espaços e territórios sagrados, dieta alimentar, costumes, vestimentas, calendários, festividades etc.

Dito isso, cabe ao professor de Ensino Religioso saber definir, conceitualmente, nomes e termos que aparecem, de maneira recorrente, no estudo das religiões. Aliás, vale dizer que os nomes que serão conceituados na sequência são fartamente discutidos na literatura das CRE. Aqui, em razão da finalidade pedagógica que caracteriza a natureza deste texto, faremos uma apresentação sintética e objetiva de cada termo, baseada, especialmente, naquilo que se observa e depreende da pesquisa empírica sobre as tradições presentes no campo religioso brasileiro.

O primeiro nome recorrentemente usado nos estudos de religião e no Ensino Religioso é "crença". Em sua origem, a palavra "crença" deriva do verbo "crer", que indica uma ação: a ação de crer em algo, em alguém ou em alguma coisa. O substantivo feminino "crença" exprime um estado, segundo o qual uma pessoa crê ou acredita em algo, na sua existência e naquilo que esse algo propõe, promete e/ou oferece. Trata-se de um estado mental que independe de argumentação lógica, racional e científica simplesmente porque, quando uma crença se estabelece, assume-se que ela é verdadeira, mesmo que não seja provável.

O substantivo "crença" pode vir acompanhado de outras palavras cuja função, em geral, é adjetivá-lo – por exemplo: crença popular, crença religiosa, crença secular, crença corrente. Em cada uma dessas expressões está em destaque uma forma de crença: algo que popularmente é aceito, mesmo que não se possa comprovar; a aceitação de um conjunto de ensinamentos religiosos sobre uma divindade; um entendimento compartilhado na vida ordinária herdado de gerações e não submetido à comprovação; uma atitude mental compartilhada socialmente, que é frequente entre diferentes grupos. Esses diferentes tipos de crença têm em comum o fato de que não precisam ser submetidos a testagem para serem aceitos. As crenças são simplesmente assumidas como verdadeiras.

Para a nossa finalidade, aqui importam as crenças religiosas, que também podemos chamar de crenças místicas. O interessante dessa última designação é que o substantivo "místico" tem relação com o termo "mistério", isto é, com algo sobre o qual não se tem certeza. A mística ou o místico lembram-nos, igualmente, um estado da mente, que, nesse caso, caracteriza-se por ser contemplativo, e não argumentativo, da lógica racional moderna. As crenças religiosas, assim como as místicas, provêm, portanto, de outra lógica que, embora não racional, é igualmente legítima por ser derivada de um conhecimento – nesse caso, de um conhecimento religioso que se obtém com a experiência religiosa. Podemos afirmar, então, que crenças religiosas são baseadas num tipo de conhecimento resultante de verdades que são assumidas, mesmo que não resistam ao teste da razão ou possam ser comprovadas.

No campo da religião, as crenças são fundamentais. O ato de crer na existência de divindades e entidades espirituais é o que mantém vivas as religiões. O ato de crer no conteúdo das narrativas míticas, repletas de imagens e símbolos que representam e remetem a outros significados e relatos sobrenaturais sobre criaturas monstruosas, deuses, anjos, demônios, espíritos, milagres, curas, ressurreições, forças encarnadas em elementos da natureza e outros, é fundamental para que cada um desses conteúdos se mantenha vivo, pulsante e significativo na experiência daqueles que creem, isto é, dos crentes.

A noção de crença nos conduz ao termo "religião". Por quê? Isso é o que verificaremos a seguir.

> [...] felizmente, uma palavra, nome ou conceito não é idêntico ao objeto a ser nomeado ou definido. O fato de não possuirmos uma definição universal de religião é um defeito, mas não uma catástrofe, uma vez que o objeto permanece e a qualidade de palavras inventadas ou a ser inventadas atinge o objeto apenas marginalmente (GRESCHAT, 2005, p. 21).

Inicialmente, pode-se dizer que a religião é um conceito. Mas existem diferentes definições para esse conceito que podem ser conhecidas no pensamento e na obra de autores advindos da Teologia, da Filosofia e das Ciências da Religião. Há duas acepções mais conhecidas para esse termo: *religio* e *religere*.

Religio foi mais usado por autores clássicos latinos, com o sentido de escrúpulo e consciência. Conforme essa acepção, religião seria algo que daria orientações a respeito de como as coisas devem ser feitas, com exatidão nos procedimentos rituais, guiada por certa consciência no cumprimento da obrigação. Então pode-se dizer que *religio* seria empregado em contextos que se requer de alguém precisão, comprometimento e responsabilidade na execução de algum ritual. Daí se compreende a expressão "fazer algo religiosamente". Mas haveria ainda outro sentido para *religio*: *superstitio*, isto é, superstição. Se o primeiro significado se referia a uma religião cívica e legítima, nesse segundo significado, o de superstição, *religio* seria uma ordem ilegítima e desprezível, portanto, marginal; logo, não reconhecida pelas autoridades e sobre a qual pesava o não reconhecimento.

A partir do século III depois de Cristo (d.C.), alguns pensadores cristãos deram preferência à primeira acepção, associando *religio* ao cristianismo e à sua pregação como "verdadeira religião do verdadeiro Deus". Esse uso da palavra serviu ao propósito político do Império Romano e conferiu legitimidade à *religio romana christianaque* (religião romana e cristã), disseminando o sentido de "laço de piedade que nos une e religa a Deus". Assim, podemos compreender esse uso como um esforço ideológico e consciente que cunhou as bases do termo *religare*: significado cristão que exprime a natureza da relação de fé na transcendência e a distinção entre o divino e o humano. Posteriormente, esse sentido foi ampliado com a aproximação ao termo latino *religere* que se refere a um retorno: "religião seria retornar a Deus, passar da negligência à relação diligente"; ou seja, com o sentido de retornar a Deus ou de se religar a Deus (SOARES, 2010, p. 27-30).

Neste ponto, duas observações sobre o conceito de religião precisam ser feitas. Pode-se dizer que, na maioria das vezes, uma palavra não comporta todos os sentidos que ela tenta abrigar, por isso não existe uma definição universal e suficiente para religião, o que não é nenhuma catástrofe. As palavras são, afinal, invenções humanas para se referirem a algo que as pessoas vivenciam e, assim como é da natureza das experiências que sejam fluídas e efêmeras, no seu uso cotidiano, o sentido que atribuímos às palavras torna-se passageiro. As definições que as palavras tentam formular, portanto, atingem os significados sempre e apenas marginalmente.

O conceito de religião exprime exemplarmente essa insuficiência da linguagem escrita. "A" religião não existe numa forma singular. Ela existe sob uma variedade de formas e manifestações que aparecem no campo religioso. À medida que aparecem, isto é, se dão a observar, perceber e vivenciar, elas são chamadas de fenômenos, os quais estão inscritos na história em determinados contextos geopolíticos, culturais e sociais. Portanto pode-se entender que religião é um conceito que abriga uma variedade de manifestações religiosas. Ela não se encontra numa forma singular, exclusiva e verdadeira, mas, quando o conceito é empregado no singular, geralmente se refere a algo que, no campo das evidências (*empiria*), manifesta-se como plural. Por essa razão, muitos autores preferem o uso do termo já no plural, isto é, "religiões"[14].

Para nós, importa que o conceito "religião" é uma palavra que aponta para algo, assim como a foto representaria um momento. O que isso quer dizer? Simples. A foto não é "o" momento, mas representa aquele momento observado, percebido, vivenciado. A foto somente retrata algo que nos escapa: a experiência vivida.

> A foto conta histórias, transmite ideias, evoca sensações, revive memórias. Assim é o conceito de religião: ele aponta para várias expressões religiosas, modalidades de crença, tradições que apesar de distintas entre si, lidam com a fé num conteúdo mistérico, extraordinário e de uma ordem de racionalidade, que não é da lógica científica nos termos da modernidade, mas ainda assim é legítima (RODRIGUES, 2021, p. 19-20).

14 A história do termo "religião" é bem complexa, mas vale pontuar que esse conceito é originário do universo anglo-saxão, que remete à Europa e às Américas, em razão dos processos históricos de colonização desses territórios. Já entre os povos cujas tradições são confucionismo, hinduísmo, budismo, taoísmo, xintoísmo, religiões populares chinesas, dentre outras, a palavra "religião" não aparece grafada dessa maneira. Mas o estudo semântico de outras palavras peculiares a essas tradições revela a possibilidade de aproximação disso que chamamos religião. Um desses termos seria *Tao*, O caminho.

Assim é o conceito de religião: ele apenas representa algo que na experiência se vivencia com tamanha profundidade, que a palavra ou o conceito atinge apenas marginalmente. Nesse sentido, pode-se dizer que a religião é um meio. Uma ponte que faz a ligação entre o fiel e a sua divindade. Cada expressão da religião é um meio de comunicação, e, para que haja comunicação, é preciso que exista quem fale e quem ouça; quem ao ouvir compreenda algo e, ao compreender, elabore uma resposta. Então pode-se afirmar que a religião é também linguagem.

Como toda linguagem, a religião dispõe de um sistema de códigos, gráficos, signos, símbolos, imagens, sons, gestos, expressões etc., os quais são compartilhados. Esse sistema comunicacional expande-se para além dos limites entre uma pessoa crente e a sua divindade. À medida que esse sistema é compartilhado no interior de uma comunidade de fé, torna-se a linguagem do grupo, das pessoas, desses fiéis. Isso ocorre porque, nesse grupo, compartilham-se os significados mais simples e mais profundos daqueles códigos, gráficos, signos, símbolos, imagens, sons, gestos e expressões. Por isso cada religião tem os seus modos de iniciar os fiéis em seus mistérios e segredos. Há rituais e práticas que comunicam ensinamentos, princípios e doutrinas específicas das religiões que expressam o conteúdo da fé de cada modalidade de crença. Pode-se considerar como exemplos: os rituais de iniciação no candomblé, como o jogo dos búzios, a raspagem da cabeça para um orixá, a entrega das guias; os sacramentos católicos (batismo, primeira comunhão, crisma e outros); a apresentação do recém-nascido à igreja, a confissão da fé e o batismo para evangélicos, dentre outros.

Dessa forma, pode-se afirmar que a fé vive na linguagem religiosa que expressa sentidos e mistérios compartilhados pelas pessoas que participam de uma comunidade religiosa. Dessa vivência de uma linguagem religiosa que se expressa nas narrativas míticas, mas se realiza nas práticas rituais, é que emerge outra categoria (ou conceito) central para docentes do Ensino Religioso: a noção de religiosidade.

Religiosidade é uma palavra que, de imediato, remete à vivência de uma experiência de relação entre alguém e o transcendente. Em certo sentido, diz respeito a um sentimento de devoção, de temor e de admiração profundos de alguém a uma entidade completamente outra e superior, a qual habita certa dimensão: uma dimensão não computada pelo tempo cronológico (*kronos*). Essa relação, no entanto, é uma relação mediada pela linguagem, pela cultura e, finalmente, pela religião. Portanto trata-se de uma relação circunscrita que se expressa a partir de um repertório de referências imagéticas e simbólicas, que são situadas histórica e geograficamente, no interior de uma forma religiosa.

Isso é relativamente fácil de se compreender, visto que, em todo tempo e lugar, se quisermos nos expressar e sermos minimamente entendidos, é preciso recorrer a um repertório de signos, símbolos e imagens compartilhados pelo grupo no qual estamos inseridos. Sendo assim, pode-se dizer que a religiosidade é a vivência de um sentimento ou de um estado mental (crença) traduzida nos termos de uma tradição religiosa e seus ensinamentos (doutrinas). Nesse sentido, pode-se afirmar que religiosidade não é o mesmo que espiritualidade, pois a primeira se expressa nos termos de uma religião; no entanto, a segunda independe dos cânones da religião formal.

Essa distinção é complexa, mas importante, porque, no fim das contas, a religiosidade corresponde a uma metódica da vida, isto é, a uma disciplina que organiza os sentidos originários de uma experiência religiosa. Lembremo-nos da expressão "fazer algo religiosamente". A religiosidade tem a ver com disciplinarização, isto é, uma vez vivida uma experiência com alguma divindade, o conteúdo divinatório, a revelação a que se tem acesso, assume a natureza de um conteúdo fundamental para quem teve a experiência. A religiosidade permite a cada fiel que aquele conteúdo revelado seja rotinizado. Nesse sentido, com seus rituais, a religião apresenta-se como meio para que as pessoas experimentem subjetivamente e, novamente, aquele momento do encontro com o transcendente.

Para o sociólogo Georg Simmel (2010, p. 27), a religiosidade pode ser caracterizada como "qualidade íntima da vida ou modo incomparável de existência, [que] adquire substância ao perambular pela diversidade material do mundo e assim se encontra face a face consigo mesma: de um lado, está o mundo da religião e, do outro, o sujeito da religião". Em outras palavras, o sujeito da religião experimenta algo sobre a transcendência que dá substância à sua vida e, na religião, encontra uma forma de rotinizar esse conteúdo. O sociólogo vê com positividade a religiosidade quando afirma que ela "deve colorir os conteúdos do mundo com sua experiência vivida" (SIMMEL, 2010, p. 27), colocando à parte as outras formas pelas quais esses conteúdos foram moldados e atribuindo-lhes uma nova tonalidade. Por fim, ele declara que são três os domínios do ambiente vital em que age a religiosidade: o comportamento do homem ante o mundo exterior e natural; ante o destino; e ante o ambiente humano ao redor.

É nesse ponto que o conceito de religiosidade esbarra em outro conceito central, o de espiritualidade. Daí vale uma reflexão atenta e honesta. Atenta porque se trata de um tema importante para as CRE, e honesta porque, para a finalidade pedagógica deste texto, teremos que ser breves.

A espiritualidade pode ser compreendida como um modo de agir baseado em conteúdos espirituais. Aqueles conteúdos divinatórios revelados num encontro entre uma pessoa e a transcendência. Geralmente, diz-se que uma pessoa é mais ou menos espiritual conforme a conduta que apresenta diante situações que lhe pedem ações. Supõe-se que uma pessoa espiritualizada guiará os seus procedimentos de acordo com princípios inspirados numa mensagem espiritual ou, em outros termos, numa revelação divina a ela concedida. Daí chegamos a outra categoria importante e que podemos considerar sinônima de espiritualidade, qual seja, a *experiência religiosa*.

Para alguns pensadores, dentre os quais Carl Jung (1989), a maneira de se comunicar com termos simbólicos é uma estratégia humana para compensar aquilo que não se pode definir integralmente. Por serem conceitos e ideias processados por meio da linguagem comum, não conseguiriam alcançar a complexidade da chamada experiência religiosa. Então aquilo que não se pode expressar satisfatoriamente por meio da linguagem rotineira e que está fora do alcance da compreensão humana é representado.

O simbolismo, portanto, é um recurso frequente entre as religiões que se exprimem por meio de imagens. Tais imagens apontam para outra coisa: um sentimento, certa emoção diante da impressão de grandeza do mundo e/ou do mistério da existência, uma revelação divina. Essas experiências podem originar certa sensação de assombro ou forte comoção dificilmente explicitadas pela linguagem ordinária. O símbolo, então, assume esse aspecto "inconsciente" mais amplo, que nunca é precisamente definido ou de todo explicado. Em outras palavras, quando a mente humana recorre à linguagem simbólica, ela consegue expressar um sentimento ou uma experiência cujo acesso ao significado está fora do alcance da razão.

A experiência religiosa, assim, pode ser entendida como o momento de encontro entre uma pessoa e algo que sente ser maior que ela, não facilmente nominável – transcendente, divino, espiritual, iluminação, suspensão etc. –, que lhe concede uma revelação, uma mensagem, uma inspiração. Esse conteúdo revelado, chamado divinatório, é profundo e marcante a ponto de servir como novo parâmetro para a vida. Tal conteúdo pode ser mediado por um estado alternado de consciência, uma visão sobre o futuro (profecia), um transe, um preenchimento no espírito (também chamado de possessão espiritual), uma conversão (decisão radical de mudança de vida), uma cura espiritual, um milagre (algo sobrenatural irrompendo o natural), um êxtase religioso, dentre outros meios capazes de proporcionar "um ponto de virada" na vida de quem experimentou essa sensação de assombro e/ou forte comoção.

Diz-se da experiência religiosa que, após ocorrida, pois é por natureza efêmera, ainda permanece na medida em que funda um novo horizonte de sentidos para quem a tiver. Por isso ela é definidora de uma espiritualidade ou de um novo modo de agir que modelará as ações da pessoa que a tiver vivido nas várias dimensões que compõem o seu cotidiano, ou seja, o social, o econômico, o político, o cultural e o subjetivo.

Por esse motivo, é produtivo pensar a experiência religiosa de duas maneiras: enquanto uma experiência que reporta um **acontecimento** de conteúdo espiritual, ocorrida com alguém e à qual não se tem acesso completo, a não ser pelo relato (testemunho) dessa pessoa; e enquanto uma **categoria heurística** que permite ao pesquisador, ao docente e ao estudante fazer descobertas sobre o sentimento religioso (ou a experiência religiosa/mística) vivenciado por alguém, por intermédio da investigação do relato dessa vivência. Nesse sentido, então, assume-se que a experiência religiosa é fonte para se conhecer mais sobre determinada religião. E, nesse caso, não se coloca em discussão o caráter de verdade de uma experiência. A experiência religiosa, enquanto categoria de estudo, é tomada como relato que expressa algo da religião que interessa às Ciências da Religião e ao Ensino Religioso. Vale, ainda, ressaltar que a experiência religiosa pode ser estudada individual e/ou coletivamente.

Assim, é possível pensar a experiência religiosa como:

1. Uma vivência que, em alguma medida, está condicionada pelo contexto social do qual emerge. Mais especificamente condicionada pelo contexto sociocultural fornecido pelo tempo, pelo espaço e pela linguagem por meio da qual se expressa para significar as coisas, os fatos, os eventos sociais e, finalmente, a própria experiência religiosa. Então pode-se dizer que a linguagem determina a experiência. A implicação disso é que, à medida que é narrada, a experiência é também construída, visto que há escolha de palavras, termos, imagens e símbolos que se irão empregar para dar forma transmissível e comunicável à experiência. Esse exercício resulta numa espécie de recriação da experiência. Nesse sentido, pode-se intuir que, à medida que a experiência pede o uso de linguagem (religiosa, simbólica), ela mesma transforma a linguagem, ampliando-a, ressignificando-a e atribuindo-lhe novas funções.

2. Uma segunda conclusão possível é que a experiência religiosa, se estivermos nos referindo aos transes, à conversão, à vivência da religião etc., conforma-se à linguagem do grupo. O que implica admitir que, ao usar essa linguagem comum a um grupo de origem, a experiência religiosa relatada afirma o mesmo grupo, fortalecendo laços de solidariedade enquanto evoca o universo semântico (de símbolos e significados, de expressões, de corporeidade, de hábitos, de regras etc.) desse coletivo religioso. Isso acontece porque, quando um grupo compartilha um conjunto de símbolos, metáforas, narrativas, rituais, doutrinas e ensinos, de modo geral, ele compartilha um horizonte de sentido. O horizonte configura aquilo que orienta, no sentido de dar direção, as pessoas individual e coletivamente, tanto na vida espiritual (subjetiva) quanto na vida social (material/prática).

Um entendimento importante sobre a noção de experiência religiosa é que, em muitos casos, ela antecede a religião, tanto no sentido de modo de crença quanto no sentido de instituição. Se entendermos a religião como uma forma social, pode-se afirmar que a experiência religiosa e o seu conteúdo subjetivo e substantivo são apropriados pela religião, entendida, segundo Simmel (2010, p. 33), como o mundo "objetivado" da fé. Ainda nesse sentido, Joachim Wach (1898-1995), ao falar da experiência religiosa como categoria central para a compreensão das várias formas de religião, propõe haver uma relação intrínseca entre a expressão cultural da religião (parte prática) e a experiência que antecede a expressão teórica-doutrinária. Em outras palavras, haveria uma relação entre mito-rito, doutrina-culto e teologia-adoração que não pressupõe a sobreposição de uma sobre a outra: "Nenhum ato de adoração pode existir sem alguma concepção do divino, nem uma religião pode funcionar sem pelo menos uma quantidade mítica de expressão cultual" (WACH, 1990, p. 32).

Em outras palavras, a adoração, a contemplação, a experiência de êxtase religioso e outras dessa natureza existem a partir de um universo simbólico que envolve alguma concepção de divino, de transcendência e de sobrenatural. Há um quadro de referências religioso e semântico que concede base à experiência religiosa, por isso ela se expressa em termos que são reconhecíveis e reconhecidos dentro de determinados grupos sociais enquanto em outros não. Isso posto, pode-se afirmar que o ato religioso pode ser compreendido como mental-psíquico; todavia, ao manifestar-se fisicamente, revela-se como psicofísico por meio de três campos básicos: o doutrinal, o prático e o sociológico.

A abordagem de cada um desses campos básicos é necessária, mas, para fazê-lo com o devido cuidado, levaríamos mais tempo e precisaríamos de mais espaço. Por ora, basta explicitar que esses campos não são autônomos e, portanto, entre eles há relações mútuas. O doutrinal é o campo dos ensinos religiosos que cada modalidade de crença desenvolve, a fim de manter e preservar a natureza da sua fé e de suas principais convicções. O campo prático é aquele em que as narrativas míticas (o conteúdo teológico e doutrinário) dão luz aos rituais e às performances que rememoram os mitos, que fortalecem as crenças e concedem senso de identidade ao grupo. Por fim, o campo sociológico é o das ações e das relações sociais, no qual cada religioso age, interage e reage baseado na sua experiência religiosa e na rotinização dessa experiência no interior da religião, que resultará na sua disposição e conduta no mundo e em sociedade.

Até aqui, pudemos verificar que religião, crença, religiosidade, espiritualidade e experiência religiosa são **fenômenos** manifestos no campo das evidências empíricas, linguisticamente expressos por meio de substantivos, que nomeiam e conceituam práticas e condutas sociais, respaldadas num conteúdo mítico-teológico profundamente significativo para a vida mental-psíquica e psicofísica das pessoas, individual e coletivamente.

Nesse contexto, dois novos conceitos necessitam ser discutidos: fé e ideologia. Mas, antes que se pense que são sinônimos, é bom destacar que, embora se possa fazer relação entre eles, nem sempre um está atrelado ao outro. A fé é geralmente descrita como um estado mental-psíquico de absoluta confiança em alguém ou algo, mesmo que não seja possível asseverar a verdade por meio de comprovação, baseada em fatos, documentos ou evidências. A fé pressupõe entrega absoluta a esse algo ou alguém em quem se confia, na base de um crédito irrestrito que resulta numa relação de compromisso com essa verdade ou conjunto de verdades em que se deposita a fé. Em termos gerais, pode-se afirmar que a fé é um sentimento não experimentado por outras espécies além da humana e, portanto, requer certa racionalidade.

Ter fé e mantê-la exige uma decisão que até pode ser incentivada por um grupo, tornando-se socialmente compartilhada, mas quem tem fé arregimenta motivos para mantê-la, na maioria das vezes, concedidos por uma experiência pessoal que, se não a explica, pode justificá-la. Nesse sentido, pode-se afirmar que a lógica que subjaz a fé é mística, cuja racionalidade orienta-se pelo campo das emoções e, portanto, é afetiva. Isso de modo algum torna uma fé ilegítima ou sua lógica injustificada. Os motivos e as razões em que se baseia a fé são de outra ordem, que não a da razão moderna ou científica. Trata-se de uma ordem que é originária da experiência, da gradual construção de sentidos e das vivências místicas (que envolvem a observação e a contemplação da vida e do seu entorno). A fé, nesse sentido, pode ser compreendida com uma certeza profunda que se manifesta ora mais forte, ora mais fragilizada, mas sempre fundamental e, às vezes, inegociável para quem crê.

A fé, possivelmente, relaciona-se com a ideologia, porque esta retoma a ideia de algo que se segue, movido pela crença de ser uma referência acertada ou um conjunto de representações positivas para se interpretar a realidade social e "estar no mundo". Isso nos permite entender ideologia como um conjunto de ideias e imagens que representam a realidade:

> As imagens formam um imaginário social invertido – um conjunto de representações sobre os seres humanos e suas relações, sobre as coisas, sobre o bem e o mal, o justo e o injusto, os bons e os maus costumes etc. Tomadas como ideias, essas imagens ou esse imaginário social constituem a ideologia (CHAUÍ, 1997, p. 416-417).

Nesse sentido, ideologia é um fenômeno histórico-social que existe marcado pela divisão social do trabalho, pela existência de classes, desigualdades e injustiças sociais, diversidades étnico-raciais, culturais, de gênero, religiosas etc. As ideologias corresponderiam a sistemas de ideias, imagens, símbolos, critérios, atitudes e representações que possuem coerência interna, atendem determinados grupos e se distinguem de outros sistemas de ideias. As ideologias possuem como traço a capacidade de organizar grupos, dar-lhes sentido filosófico (intelectual) e direção prática para a vida em sociedade. Ao compreendermos, portanto, a ideologia de um grupo social, é possível compreender as suas práticas sociais, os seus padrões de conduta, as suas demandas e formas de ação e relação social. Nesse sentido, pode-se afirmar que, ao unir pessoas em torno de um sistema de ideias, a ideologia exerce poder sobre elas e direciona-as para o alcance de objetivos e finalidades. Conquanto, ao ser assumida com exclusividade e sem abertura à crítica, a ideologia pode exercer papel alienante, à medida que escamoteia outros pontos de vista, outros posicionamentos ideológicos, filosóficos, políticos e religiosos possíveis.

É notável que as ideologias são formuladas por ideólogos (ou pensadores), estabelecendo-se aí uma divisão social entre os que produzem as ideias e os que produzem as coisas, os quais às vezes reproduzem passivamente essas ideias. Na medida que aqueles que pensam se distanciam do mundo material, das relações sociais e de trabalho, também passam a acreditar que as ideias existem por si só e independem das condições materiais da vida. Daí passam a pensar que as ideias que projetam determinam a vida de todos. A ideologia, então, pode assumir a caracterização de crença "na autonomia das ideias e na capacidade de as ideias criarem a realidade" (CHAUÍ, 1997, p. 417). Quando impostas aos demais sem abertura à reflexão, ao debate e à possível transformação, essas ideias e representações têm o poder de gerar a alienação. Por alienação entende-se o estado de alguém que está alienado, distanciado, ou ignora a realidade social que o cerca, vivendo sem compreender e à parte dos fatores sociais, políticos e culturais que determinam a realidade social e condicionam as ações e as relações sociais.

As ideologias são, portanto, criações especialmente de pessoas religiosas, lideranças, filósofos, cientistas, artistas e outros. Não se pode ignorar que esses grupos menores que fazem parte das sociedades emergem de lugares determinados, de classes sociais específicas e de trajetórias individuais marcadas pelas controvérsias e desigualdades sociais. Daí que facilmente pode-se intuir que esses grupos pensam com ideias peculiares aos seus grupos de origem, muitas vezes, vinculados às classes dominantes. Por isso, no papel de ideólogos, podem oferecer uma imagem ilusória da realidade social (CHAUÍ, 1997).

Pode-se afirmar que o conceito de ideologia é aplicável às religiões, na medida em que elas apresentam aos seus fiéis sistemas de ideias e de crenças. Esses sistemas, além de serem performatizados por meio dos rituais e das práticas tanto religiosos quanto sociais, são assumidos pelas pessoas que neles creem. Nesse sentido, pode-se afirmar que existem ideologias religiosas, que seriam conjuntos de ideias, representações, imagens e símbolos religiosos que servem à orientação espiritual e pragmática das pessoas que aderem a essas religiões. Essas ideologias, assim como outras de preocupação filosófica e política, são produtoras de sentidos, discursos e condutas sociais, que podem ser mais ou menos críticas com relação aos contextos socioeconômicos dos quais e nos quais estão inseridas. E, do mesmo modo como há ideologias seculares que alienam as pessoas quanto aos seus direitos, aos seus deveres e às suas liberdades, também há as ideologias religiosas com o poder de serem alienadoras ao não fomentarem a consciência crítica de seus fiéis e adeptos.

Quando uma ideologia é assumida como única, absoluta e exclusiva verdade, aquele que assim a considera corre o risco de recair num tipo de comportamento obsessivo, a fim de defendê-la. Nesse caso, outro conceito precisa ser esclarecido. Trata-se do conceito de fanatismo.

A palavra "fanatismos", aqui no plural, é um substantivo derivado da língua francesa que designa uma espécie de adesão irrestrita a algum sistema de crenças e doutrinas. Ao referir-se a essa conduta no plural, pretende-se dizer que existem muitos fanatismos, tanto religiosos como de origem secular. Mas, é bom que se diga, o fanatismo tem sido historicamente associado às religiões e, nesse contexto, define um cuidado obsessivo pelo cumprimento de ensinamentos, doutrinas e regras peculiares a uma tradição. Essa dedicação excessiva pode chegar a extremos que conduzem à elaboração de discursos e práticas intolerantes. De um modo simples, pode-se dizer que uma pessoa fanática deixa-se levar pela ilusão de que o seu ponto de vista, religioso, originário de outra doutrina ou filosofia secular de vida, é absolutamente verdadeiro, e não passível de crítica.

O filósofo francês Voltaire (1694-1778), em seu *Dicionário filosófico*, definiu fanatismo a partir da sua crítica à religião católica: "Fanatismo é para a superstição o que o delírio é para a febre, o que é a raiva para a cólera. Aquele que tem êxtases, visões, que considera os sonhos como realidades e as imaginações como profecias é um entusiasta" (VOLTAIRE, 2001, p. 241). Nessa relação entre fanatismo, superstição, delírio, febre, raiva e cólera, Voltaire deixa claro o seu suposto de que a superstição habitaria o reino das emoções, das quais se deveria sempre desconfiar – especialmente das emoções exacerbadas e guiadas por sonhos e imaginação, que são conteúdos aos quais geralmente as pessoas religiosas recorrem para dar resposta às suas perguntas.

No entanto, mesmo que pese na concepção desse filósofo uma crítica atroz sobre a religião, o fanatismo que repele é também aquele baseado em doutrinas não religiosas, mas igualmente potentes, para justificar excessos, desvarios e abusos: "Há fanáticos de sangue frio: são os juízes que condenam à morte aqueles cujo único crime é não pensar como eles; e esses juízes são tanto mais culpados, tanto mais merecedores da execração do gênero humano" (VOLTAIRE, 2001, p. 242). Nessa passagem está em destaque que a defesa absoluta de uma doutrina, mesmo a jurídica, pode condenar quem pensa diferente sem lhe dar direito de resposta, ou seja, quem pratica o fanatismo não reconhece o direito das alteridades, tanto de existirem quanto de pensarem de modos diferentes. Nisso é possível identificar certos traços que caracterizam os fanatismos e as pessoas que o praticam: o desrespeito e o não reconhecimento de outros sistemas, seja de crenças religiosas, seja de cunho ideológico, filosófico e/ou político; o excesso de agressividade expresso em discursos e práticas de ódio; e a dificuldade de diálogo e mudança de opinião marcada por preconceitos. Comumente, essas características que descrevem as pessoas consideradas fanáticas nos alertam para outro tipo de comportamento humano: o fundamentalismo.

Fundamentalismos são considerados movimentos que se organizam e se opõem ao que julgam constituir ameaça à existência de seu sistema de crenças, ideias, concepções de mundo e de política, as quais incluem, mas não somente, crenças e doutrinas religiosas, crenças num sagrado ou ordem divina. As pessoas que integram movimentos fundamentalistas tendem a interpretar ideias distintas das suas como perigosas à preservação de seus sistemas de crenças. Em especial, como resultado da modernidade, da difusão de distintas filosofias e modos de crença, acreditam que há certa frouxidão no entendimento de valores e princípios que julgam universais e inegociáveis. A pluralidade de ideias representaria mais uma confusão ou um estado de crescente perdição da condição humana do que, propriamente, algo constitutivo do desenvolvimento e do progresso. Diante desse quadro de desagregação social, resultado do processo de secularização das sociedades e de suas formas de crença, erguem-se aqueles que acreditam que, nessa crise moral, de usos e de costumes, devem exercer o zeloso papel de protetores dos fundamentos sobre os quais repousam as suas crenças e convicções filosóficas, ideológicas e políticas.

No caso do fundamentalismo religioso, as pessoas que assumem os papéis de protetores da ordem e que se colocam contrárias às tentadoras forças da história zelam por um conjunto específico de crenças, doutrinas e condutas das quais não se admite desvio e para as quais não se admitem interpretações ambíguas ou flexíveis. Geralmente, essas crenças e doutrinas são formuladas com base em textos considerados sagrados (tradições escritas), por isso tidos como normativos. Nessa condição, a observância e o cumprimento do que dizem esses textos assumem o caráter de medida para o pertencimento ou não de uma comunidade verdadeira, cuja identidade necessita ser mantida.

É notável que a palavra "fundamentalismo" é usada em muitos contextos, razão pela qual nem sempre significa a mesma coisa. Mas enquanto um termo descritivo, ela designa um conjunto de características recorrentes em diversos contextos e grupos, o que nos permite afirmar que se trata de um fenômeno.

No século XXI – mais especificamente, desde os atentados terroristas ao World Trade Center, nos Estados Unidos, em 11 de setembro de 2001 –, a palavra passou a ser usada com mais frequência pela imprensa em geral e nas mídias sociais. Aliás, fundamentalismo tornou-se sinônimo de terrorismo, e ambas as palavras foram associadas à tradição religiosa islâmica. Essa associação entre Islã, fundamentalismo religioso e terrorismo foi, naquele momento – e ainda é –, apressada e inadequada, pois, desde que foi realizada e disseminada mundialmente, o fundamentalismo religioso passou a ser compreendido por grande parte do mundo como um fenômeno exclusivo das religiões muçulmanas. Mas, de fato, o termo "fundamentalismo" (aplicado a uma religião) começou a ser usado em 1920 nos Estados Unidos e dentro do protestantismo conservador.

No interior dessa tradição, surgiram crentes insatisfeitos com os rumos que a sua religião tomava face às transformações sociais pelas quais passavam as sociedades no processo de secularização. Portanto o movimento que levou o nome de fundamentalista surgiu com um discurso religioso cristão-protestante que pretendia responder ao ateísmo das sociedades modernas ocidentais e o crescente individualismo. Nesse sentido, tomou para si uma caracterização arcaica e conservadora que se admitia intolerante a todos os pontos de vista e visões de mundo contrárias ao que entendiam ser os fundamentos da fé cristã, sobre os quais as sociedades civilizadas haviam sido assentadas.

Os fundamentalismos, portanto, emergem como movimentos que asseguram que as suas crenças, os seus princípios e as suas visões de mundo são "as" verdadeiras e, desse modo, inegociáveis. Essa suposição divide o mundo entre "nós" e "eles", porque acredita-se que as verdades alheias constituem ameaças ao modo de vida e à preservação daqueles que detêm os fundamentos mais legítimos. Disso resulta o rechaço a termos como "modernidade", "pluralismo", "secularização", "globalização" e outros que conduzem às noções de experimento, inovação, adaptação. Qualquer tipo de mudança, reforma ou proposta de espiritualização da tradição soa ameaçadora à herança e à identidade do grupo, que se interpreta como "guardião" e responsável por manter a unidade da fé. Por isso, fundamentalistas buscam manter o foco na conservação da tradição e na autoridade cuja manutenção está ligada, diretamente, à insistência num conjunto de textos normativos, divinamente inspirados, considerados cânon para uma fé inerrante e livre de desvios, tropeços e escândalos.

Em síntese, fundamentalistas propõem a divisão do mundo entre certo e errado. Aqueles que pertencem à verdade seriam as pessoas do lado certo, enquanto os desviantes estariam do lado errado. Não se admite a ambiguidade, tampouco a ambivalência. As classes são "isso" ou "aquilo", motivo pelo qual os grupos buscam se manter puros e livres de misturas ocasionadas por relações entre pessoas de sangue e parentesco distintos. A afirmação de uma integridade e uma densidade étnica-cultural é motivada e motiva a recusa de estranhos, infiéis, progressistas e inovadores que possam descaracterizar o "povo escolhido", "os eleitos" de Deus.

A essa altura, a discussão sobre fundamentalismo religioso é interessante porque explicita, para todos nós, que pode haver fundamentalistas em todas as religiões. E, potencialmente, o fundamentalismo pode conduzir à agressividade, à intolerância e às violências, tanto simbólicas quanto físicas, especialmente quando fundamentalistas se ressentem de serem colocados à parte das decisões, deslocados ou marginalizados. A penetração de seus sistemas de crenças e ideias, a relativização de seus fundamentos mais caros e a ressignificação de suas narrativas religiosas e práticas rituais são motivos para que busquem revanche. Sobretudo, motivam expectativas messiânicas e apocalípticas de destruição dos maus e exaltação dos bons. Isso posto, pode-se dizer que a combinação de fanatismo e fundamentalismo é, no mínimo, explosiva.

Após essa breve discussão sobre fundamentalismos, pode-se pensar que o conceito seja decorrente de movimentos marcados por certa estreiteza mental ou falta de racionalidade. Aliás, com frequência, deparamo-nos com estudiosos nas universidades, colegas docentes em vários níveis do magistério, jornalistas, profissionais liberais e pessoas da sociedade civil, em geral, que evitam quaisquer conversas que envolvam o tema religião, justamente por "acreditarem" que ela seja "coisa mística", do reino das opiniões pessoais e à parte de qualquer tipo de lógica racional. Mas, como tentamos demonstrar, tanto os fanatismos como os fundamentalismos existem nas religiões e fora delas: nas filosofias seculares, nas ideologias, nos partidos políticos, nas agências, nos sindicatos e em quaisquer outros grupos sociais que defendam um sistema de ideias, representações, imagens, símbolos, princípios.

As críticas e as opiniões que afirmam o fundamentalismo como traço exclusivo das religiões são, de fato, reducionistas. Assim como as opiniões que subestimam a lógica da religião, tendo por paradigma a moderna razão cientificista, são simplistas e pouco informadas. Todavia é preciso notar que, mesmo no campo religioso, existem divisões criadas pelos próprios sujeitos religiosos que afirmam certas religiões como mais legítimas do que outras, certas lógicas como mais confiáveis que outras, e, no fim, essas divisões contribuem para que, dentro do próprio campo religioso, persista a divisão entre “nós” e “eles”.

Tal processo se pode notar ao abordarmos os conceitos de crendices e magias. Primeiramente, vale destacar que crendices e magias não são a mesma coisa. Mas, no fim, todas as religiões são mágicas, mesmo aquelas que derivam do eixo cristão e que se julgam mais civilizadas em razão de seu pensamento teológico dado a abstrações. O que deve nos interessar, no entanto, é a origem do termo “crendice”, cujo sufixo “-ice” lhe confere valor depreciativo. É como se crendice fosse algo menos do que crença, razão pela qual esse termo, quando usado para se referir à crença de outra pessoa, basicamente busca estabelecer uma hierarquia entre crenças legais e crenças ilegítimas.

Em geral, as crenças legais são aquelas autorizadas pela classe dos sacerdotes religiosos, isto é, as lideranças religiosas responsáveis pela manutenção e pela preservação das religiões, por meio do zelo da tradição, das doutrinas e dos códigos de usos e costumes. São essas pessoas que detêm poder e autoridade reconhecidos pelo grupo de fiéis para oficializar uma crença ou deslegitimá-la. Outra recorrência interessante na discussão da caracterização do que seja crença e do que seja crendice é que essa última é, geralmente, resultante de práticas religiosas não oficiais, realizadas por pessoas não consagradas, tampouco autorizadas, pelas suas religiões de origem.

No catolicismo, por exemplo, as crendices são associadas, principalmente, às práticas de fiéis cujo exercício da fé ocorre em perspectiva mais autônoma e flexível, isto é, atendendo às demandas individuais e conforme recursos nem sempre reconhecidos pela tradição religiosa. Essas práticas, muitas vezes, emergem de sincretismos com outras religiosidades. Alguns tipos de rezas envolvendo passes, benzeções, votos, promessas, chás, tipos de ofertas e negociações com santos são exemplos de práticas religiosas nem sempre reconhecidas pelas autoridades oficiais da tradição religiosa católica, mesmo quando realizadas por fiéis que atestam os seus efeitos positivos e o alcance das graças buscadas. Essa, portanto, seria uma religiosidade popular, de certo modo contraposta a uma religiosidade culta ou oficial.

A expressão "religiosidade popular" é recente. Passou a ser utilizada com mais frequência dentro do catolicismo após o Concílio Vaticano II se referir assim às manifestações religiosas do povo consideradas secundárias ou marginais do ponto de vista da teologia cristã. Essa "piedade popular" se contrapunha à liturgia dessa denominação (OPORTO, 2009).

De acordo com uma perspectiva fenomenológica ou com os estudos de antropologia cultural, a expressão "religião popular" é empregada para designar uma forma de entender e viver a religião que difere e, por vezes, se contrapõe ao que se entende por "religião oficial". Enquanto a primeira refletiria práticas de estratos mais baixos da população, a segunda estaria ligada a estratos mais cultos. Essa contraposição seria mais facilmente identificável em sociedades cuja estratificação social emerge de uma divisão social evidente, o que nos permite compreender a religiosidade popular e as suas crendices como um tipo de religião prática (ZALUAR, 1983).

Isso nos interessa especialmente porque religiosidades práticas não se detêm na discussão sobre a legitimidade da magia, compreendida na chave oposta à ciência, se é ou não capaz de promover curas e milagres ou se seria engodo. Aqui, portanto, estabelece-se uma relação entre crendice e magia: assim como a crendice tem sido hierarquicamente preterida em nome das crenças baseadas em discursos teológicos mais sofisticados, o pensamento mágico e a magia também têm sido caracterizados de maneira pejorativa, basicamente, por não disporem da chancela da comprovação científica.

A magia, que poderia ser, de maneira preliminar, definida como a eclosão ou interferência de algo sobrenatural na ordem natural da vida, alterando os resultados ordinários de algum evento e transformando-os em algo completamente impensável, pode ser considerada como um tipo de conhecimento derivado da experiência; portanto, derivada de um conhecimento prático da vida. Nesse sentido, assim como as crendices típicas de religiosidades populares constituem aquilo que chamamos de "religiões práticas", o pensamento mágico e a magia respondem às questões e às demandas mais vitais daqueles que não dispõem de recursos, intelectuais e/ou econômicos, para solucionarem problemas reais.

A magia trabalha com forças próprias à natureza, e aquele que a pratica detém conhecimento de como operam essas forças, adquirido pela experiência. Dessa experiência resulta uma capacidade de manipulá-la. Por isso se entende que a magia se define por ser um tipo de culto individual, realizado em razão de uma causa específica. Diferentemente, a religião venera as forças transcendentes e se constitui como fenômeno coletivo e público (MONTERO, 1990). Na antropologia, a força da magia é chamada *maná*. Entende-se que *maná* é mais do que uma força que agiria para o bem ou para o mal: "Maná designa fundamentalmente uma ação: a manipulação eficaz de forças sobrenaturais" (MONTERO, 1990, p. 17). Essa noção de magia e do alcance de seu poder nos permite compreender que ela é, ao mesmo tempo, material e espiritual; pode agir a distância e por contato direto; é flexível, "se move sem se mexer, natural e sobrenatural ao mesmo tempo, divisível e contínua" (MONTERO, 1990, p. 18).

Com base nesse entendimento, pode-se afirmar que a prática da magia depende, em grande medida, de alguém que saiba manipulá-la. Daí o entendimento de que se trata de algo que se adquire pela experiência e pela sabedoria, conquistadas ao longo do tempo por meio, fundamentalmente, da observação da natureza e de seu funcionamento.

Então chegamos ao desafio proposto por Lévi-Strauss (2003), segundo o qual não haveria razão para duvidar das práticas mágicas. A eficácia da magia dependeria da crença na magia, de modo que se pode compreendê-la com base nos três aspectos seguintes: a crença da pessoa que executa a magia com relação à eficácia dessa prática; a crença das pessoas que recebem a magia, por exemplo, de um doente, quanto à cura; a crença e as exigências da opinião coletiva, que constituem o âmbito em que as relações entre mago, magia e beneficiado são legitimadas. Em suma, o que validaria a magia não é exatamente se ela é real ou não, se existe ou não, se é possível ou não, mas se é validada triplamente: por quem realiza a magia, por quem recebe a magia e pelo público que assiste ao ritual mágico e dele participa. É essa tripla validação que conferiria à magia *status* de válida.

Dito isso, vale destacar que, nas Ciências da Religião, assim como no Ensino Religioso, não se coloca em discussão se a magia é verdade ou não, tampouco se discute se certa crendice é mais ou menos legítima. Antes, trata-se de demonstrar que foge, até mesmo às religiões, o poder de controle sobre as experiências e as sínteses que cada fiel desenha na vivência da sua fé. Se a magia é atestada pelo crente, se o relato da sua experiência religiosa é mágico e se nesse conteúdo desfilam imagens fantásticas de uma força sobrenatural agindo em favor de uma benesse, bênção, milagre, cura etc., cabe a quem estuda e ensina sobre religião destacar como tal prática tem eficácia simbólica para quem crê.

É relevante, nesta discussão, o conceito a seguir. Quando discutimos os processos individuais de vivência da fé, em grande medida, facultados pela modernidade e pelo enfraquecimento das instituições, deve-se considerar que as separações entre o que é tradicional e o que é inovador, o que é oficial e o que é popular estão presentes na base do campo religioso brasileiro. Isso ocorre porque, no interior desse campo, as fronteiras entre uma forma de religião e outra não são fixas. As religiões são maleáveis, mesmo que algumas lideranças desejem fixá-las. Prova disso é o fenômeno da mistura entre as religiões, as suas representações e os seus símbolos, especialmente decorrente dos contatos entre as culturas.

No campo religioso brasileiro, essa mistura é compreendida como sincretismo. O sincretismo é um conceito muito usado para quem estuda e para quem aborda o tema religião na escola. Esse conceito é, geralmente, mobilizado entre pessoas que pesquisam e falam a respeito da religião, porque o campo religioso brasileiro é, estruturalmente, constituído a partir de relações e de contatos que se estabelecem entre as distintas variedades de religião que fazem parte da formação do Estado e da sociedade brasileira.

Em geral, há certa concordância entre as pesquisas de que o sincretismo é uma prática estratégica que varia entre rejeitar e preservar símbolos, representações e práticas religiosas de diferentes grupos religiosos. Esse contato, muitas vezes, favorece grupos religiosos dominantes em relação a camadas marginalizadas, as quais necessitam, igualmente, desenvolver estratégias de acomodação, resistência, acordo, adaptação e ressignificação de suas narrativas e práticas. Sérgio Ferretti (1995) considera que não existem religiões completamente puras que tenham conseguido evitar o contato e consequentes misturas. Assim, todas as religiões seriam, em alguma medida, sincréticas, pois compartilhariam certa forma, fariam uso de linguagem simbólica e se estruturariam a partir de mitos e práticas rituais com similaridades simbólicas.

É notável que o sincretismo pode ser considerado uma relação de poder, exercida por um grupo religioso sobre outro. Para se compreender esse ponto, Ferretti exemplificou com a relação estabelecida entre catolicismo e religiosidades africanas. Em suma, o sincretismo religioso entre catolicismo e religiões africanas deu-se como resistência dos povos negros trazidos à força como escravos ao Brasil, os quais foram violentamente separados, desapropriados de suas terras e culturas e tiveram os seus cultos e as suas divindades negados. Nesses termos, pode-se compreender o "sincretismo como estratégia de sobrevivência do negro dominado ante a sociedade branca e católica dominante" (FERRETTI, 1995, p. 17). Estabelecer relações entre os santos católicos, as suas trajetórias biográficas e as narrativas de orixás dos povos negros foi uma estratégia para que os seus cultos e as suas práticas não fossem completamente negados e extintos.

É nesse sentido que outro pesquisador, Roberto DaMatta (1997), fala a respeito de sincretismo. Para ele, o sincretismo acontece em razão das relações que se estabelecem entre os modos de crença. Mais do que isso, o ato de relacionar seria um traço brasileiro que se manifesta, por exemplo, na arte barroca com a sua estilística, que combina elementos diversos. Tal arte teria a "capacidade de relacionar (ou de pretender ligar com força, sugestividade e inigualável desejo) o alto com o baixo; o céu com a terra; o fraco com o poderoso; o humano com o divino; e o passado com o presente [...]" (DAMATTA, 1997, p. 14). Verifica-se que DaMatta, com relação ao poder de dominação que o sincretismo exerce entre um grupo majoritário e outro minoritário, vê com bons olhos a mistura, sem considerá-la uma ação de subsumir o outro, uma ação de violência. Por sua vez, Ferretti (1995), ao contrário, salienta que o sincretismo resulta na integração de um grupo no interior de outro, e isso não se dá sem negações, apagamentos, conflitos e violências. Assim, o sincretismo, de fato, coaduna-se a certas características que compõem essa capacidade brasileira de relacionar coisas que parecem opostas, mas assumir isso sem problematizar possíveis violências que ocorrem nesse processo pode inviabilizar as práticas de grupos religiosos menores enquanto atendem a ideias de grupos dominantes.

Essa "facilidade de inventar relações, de criar pontes entre espaços, de unir tendências separadas por tradições distintas, de sintetizar, de ficar no meio", portanto, deveria ser entendida como padrão de conduta que atende, satisfatoriamente, a uma ideologia dominante brasileira, que resulta na opção por não escolher lados, "ser de todos e não ser de ninguém, como Gabriela, ou não optar e ficar com os dois maridos, como Dona Flor, nos romances de Jorge Amado" (FERRETTI, 1995, p. 17). Esse padrão de conduta retifica que, em situações de contato entre culturas, posições divergentes tendem a ser incorporadas, liquidadas ou segregadas (BERGER; LUCKMANN, 1978). Em outras palavras, no choque entre as culturas, entre as religiões e as suas divindades, aqueles grupos que detiverem argumentos pautados em uma ideologia dominante serão vencedores, mesmo que os argumentos de outros possam ser melhores.

Quando uma religião é admitida como sincrética, a sua tradicionalidade pode sofrer algum tipo de enfraquecimento. Todavia essa tradicionalidade permanece de algum modo, na medida em que é traço das tradições dinâmicas e dadas à autoatualização ante os contextos históricos e culturais.

Desse modo, é possível pensar que os sincretismos também servem à estruturação e à reestruturação das religiões. Assim como não é possível congelar uma cultura, tampouco se poderia fixar os conteúdos que preenchem de significado as religiões. As religiões, como discutimos inicialmente, são fenômenos complexos e dinâmicos, cuja definição necessita ser revisada de tempos em tempos.

Considerações finais

Como se pode notar, os objetos de conhecimento do Ensino Religioso compreendem conceitos, definições, noções e aportes teóricos que, tradicionalmente, têm sido elaborados, propostos e revisados pelas Ciências Humanas e, especialmente, pelas Ciências da Religião, preocupadas com uma prática docente qualificada. Por isso, a precisão no uso de termos para descrever, analisar e compreender a religião é um recurso valioso ao professor de Ensino Religioso. A qualidade técnica e científica do conhecimento sobre as religiões, a sua morfologia e a sua linguagem definirão, igualmente, a qualidade de cada aula, de cada dinâmica exploratória e de cada debate sobre os fenômenos religiosos.

A maioria dos conceitos discutidos emerge do próprio campo religioso, por isso podem ser chamados de categorias nativas. Mesmo que no campo empírico esses nomes sejam usados com recorrência, cabe aos docentes de Ensino Religioso saberem mobilizar os significados que eles evocam, a fim de aplicá-los adequadamente com vistas à compreensão das identidades e das alteridades religiosas, das manifestações e das crenças religiosas, e das filosofias religiosas e seculares de vida. Esses conceitos não surgem sem contextos, finalidades e intencionalidades. Assim, fazer o exercício arqueológico de cavar as camadas de sentidos que se sobrepuseram após anos, décadas e milênios de existência de cada modalidade de crença pode conduzir a uma compreensão mais acertada quanto à natureza e à força de cada uma delas.

Por fim, deve-se destacar a continuidade entre cada um desses conceitos. A relação existente entre crença, religião, religiosidade, espiritualidade, experiência religiosa, fé, ideologia, fanatismos, fundamentalismos, crendices, magias e sincretismos, dentre outros. Esse repertório de conceitos acompanha o movimento das religiões, e eles são ressignificados à medida que as religiões se atualizam. Nesse sentido, é preciso ter alguma clareza sobre esses conceitos e o que representam, a fim de que se identifique quando, como e por que são acionados em determinados contextos, tanto pelos próprios religiosos quanto por outros atores e agências sociais.

REFERÊNCIAS

BERGER, P.; LUCKMANN, T. *A construção social da realidade*. Petrópolis: Vozes, 1978.

CHAUÍ, M. *Convite à filosofia*. São Paulo: Ática, 1997.

DAMATTA, R. *A casa e a rua*. Espaço, cidadania, mulher e morte no Brasil. Rio de Janeiro: Rocco, 1997.

FERRETTI, S. *Repensando o sincretismo*: estudo sobre a Casa das Minas. São Paulo: Edusp; São Luís: Fapemas, 1995.

GRESCHAT, H. *O que é ciência da religião*? São Paulo: Paulinas, 2005.

JUNG, C. G. *Memórias, sonhos, reflexões*. Rio de Janeiro: Nova Fronteira, 1989.

LÉVI-STRAUSS, C. O feiticeiro e sua magia. *In*: LÉVI-STRAUSS, C. *Antropologia estrutural*. Trad. Chaim Samuel Katz e Eginardo Pires. 6. ed. Rio de Janeiro: Tempo Brasileiro, 2003. (Biblioteca Universitária 7).

MARTY, M. E. Fundamentals of Fundamentalism. *In*: KAPLAN, L. (ed.). *Fundamentalism in Comparative Perspective*. Nova York: The University of Massachusetts Press, 1992.

MONTERO, P. *Magia e pensamento mágico*. 2. ed. São Paulo: Ática, 1990.

OPORTO, S. G. "Religiosidad popular" en los comienzos del cristianismo. *In*: MIGUEL, J. M. de (coord.). *Sacramentos*: história, teologia, pastoral, celebración. Homenaje al Prof. Dionisio Borobio. Salamanca: Universidad Pontificia, 2009.

RODRIGUES, E. *Ensino Religioso*: uma proposta reflexiva. Belo Horizonte: Senso, 2021.

SIMMEL, G. Religião (1912). *In*: SIMMEL, G. *Religião*: ensaios. São Paulo: Olho d'Água, 2010. v. 1/2.

SOARES, A. *Religião & educação*: da ciência da religião ao Ensino Religioso. São Paulo: Paulinas, 2010. (Coleção Temas do Ensino Religioso).

VOLTAIRE. *Dicionário filosófico* (1764). Ed. Ridendo Castigar Mores. Versão para *eBook*, 2001. Disponível em: http://www.ebooksbrasil.org/adobeebook/filosofico.pdf. Acesso em: 1 fev. 2023.

WACH, J. *Sociologia da religião*. São Paulo: Paulinas, 1990.

ZALUAR, A. *Os homens de Deus*: um estudo dos santos e das festas no catolicismo popular. Rio de Janeiro: Zahar, 1983.

SUGESTÕES DE LEITURA

JUNQUEIRA, S. R. A.; BRANDENBURG, L. E.; KLEIN, R. (org.). *Compêndio do Ensino Religioso.* São Leopoldo: Sinodal; Petrópolis: Vozes, 2017.

- Conteúdos do Ensino Religioso – Matheus Oliva da Costa, p. 181-190.

SILVEIRA, E. S. da.; JUNQUEIRA, S. (org.). *O Ensino Religioso na BNCC*: teoria e prática para o Ensino Fundamental. Petrópolis: Vozes, 2020.

- Identidade e alteridade na BNCC: importância para o Ensino Religioso na perspectiva das Ciências da Religião – Gilbraz de Souza Aragão, p. 174-185.
- Crenças religiosas e filosofias de vida na BNCC: importância para o Ensino Religioso sob a perspectiva da Ciência da Religião – Matheus Oliva da Costa e Fábio L. Stern, p. 186-210.

4

CONCEITOS DO MUNDO RELIGIOSO

Gilbraz de Souza Aragão[15]

Experiências de transcendência

Na experiência religiosa, a transcendência é um estado de ser que superou as limitações da existência física, sobretudo a morte. As tradições religiosas, ao se referirem ao imanente e ao transcendente, buscam oferecer ao seguidor a distinção entre o material e o imaterial, apontando para o desejo de novas experiências, de ir além dos limites de sua capacidade e conhecimento, de conseguir encontrar tudo o que quer, de alcançar poder para ter mais vida.

A transcendência parte da experiência de descentramento de si mesmo e está associada a algo que pertence a outro nível de realidade, além e imaterial, que religa o sujeito a um fim externo e superior a si mesmo. O ser humano pode transcender pela fé ou de outra maneira que não esteja relacionada especificamente a uma tradição religiosa, como a contemplação estética ou a meditação filosófica.

Os seres humanos sabem que a vida física, biológica, tem um fim. A morte é uma realidade com a qual todos convivemos. Com relação

15 Doutor em Teologia pela Pontifícia Universidade Católica do Rio de Janeiro (PUC-Rio) e mestre em Teologia pela Pontifícia Universidade Católica de São Paulo (PUC-SP), graduado em Filosofia pela Universidade Católica de Pernambuco (Unicap) e em Teologia pela Faculdade de Teologia Nossa Senhora da Assunção. É professor e pesquisador da Unicap, membro do Conselho de Coordenação do Observatório Nacional de Justiça Socioambiental Luciano Mendes de Almeida e coordenador do Grupo de Pesquisa Interuniversitário sobre Espiritualidades, Pluralidade e Diálogo e do Observatório Transdisciplinar das Religiões no Recife.

à morte, as tradições religiosas cumprem um papel importante ao defenderem que a vida, e não o seu fim, deve ser o centro de nossa atenção, e que a consciência da morte pode tornar a nossa condição mais digna e esperançosa.

As religiões tratam a morte como passagem para uma realidade divina ou para a vida em outra dimensão. Mesmo quando não há crença em um mundo pós-morte, acredita-se que ela faz parte da transformação pela qual todo humano passa. As narrativas religiosas apontam caminhos de compreensão da finitude humana, oferecendo explicações que não se limitam à lógica natural e material, mas abrem um sentido mais amplo e relacional para a existência.

As tradições religiosas e as filosofias de vida orientam o ser humano a buscar em si mesmo, como também além de tudo e entre as pessoas, as conexões para uma vida com sentido e as mudanças necessárias para uma humanidade mais íntegra. Ensinamentos éticos, práticas de meditação e respiração, rituais e leituras de textos sagrados ou peregrinações místicas trazem opções de caminhos para uma vida mais empoderada.

O sentido da vida não é algo pronto que as tradições religiosas oferecem a seus seguidores. Ele vai sendo construído à medida que as pessoas buscam explicações para os limites da existência. As convicções espirituais e os caminhos religiosos oferecem, então, acesso a tempos e espaços sagrados, contato com pessoas e objetos que facilitam a experiência de poder a mais e de sentido para a vida.

Os acontecimentos das diferentes tradições religiosas têm em comum a preocupação de ajudar as pessoas a compreenderem a si mesmas e a saberem agir bem no mundo. Ao transmitir e ensinar a interpretar os acontecimentos sagrados, as tradições religiosas auxiliam os seus seguidores a compreenderem os valores necessários à convivência das pessoas em sociedade e ao seu relacionamento com Deus, com a divindade, como também ajudam a perceber como podem praticá-los em suas vidas, pois disso depende a felicidade nesta vida e além. As religiões, quando tratam da outra vida, além desta, falam de um encontro silencioso com o mistério da realidade ou fazem variações em torno do reencontro com a ancestralidade, da reencarnação ou da ressurreição.

A ancestralidade é um conceito amplo que faz parte, principalmente, das tradições de origem africana e indígena, ainda que com inúmeras variações. De acordo com a ideia de ancestralidade, o espírito de uma pessoa, após a morte corporal, estará em uma dimensão espiritual, ou seja, passará a viver em outro plano. Desse plano espiritual, os ancestrais podem atuar a favor de seus parentes ou de seu povo, inspirando, protegendo e auxiliando no dia a dia. A crença na ancestralidade oferece a segurança de que a morte é um estágio para a benevolência, pois os ancestrais poderão orientar e ajudar as pessoas como seus porta-vozes perante o Ser Superior, o divino. Nessa crença, os ancestrais são cultuados, venerados e muito respeitados.

As tradições religiosas que acreditam na reencarnação afirmam que, após a morte, a alma, por ser imortal, volta a viver habitando outro ser neste mesmo plano em que existimos, mesmo que em uma espécie diferente ou em uma distinta parte do cosmos, conforme as especificidades de cada religião. As pessoas podem reencarnar várias vezes, até atingirem a perfeição. As tradições de crença na reencarnação não consideram a ideia de um julgamento após a morte nem a existência de um local final ou eterno para uma alma ou um espírito viver. Para essas tradições religiosas, a crença na Lei do Carma, ou seja, da causa e efeito, sustenta a ideia de que tudo está determinado por leis e regras universais estabelecidas por um Criador, por deuses criadores ou, ainda, pelo próprio Universo. Segundo essas tradições, tudo o que uma pessoa fizer para os outros ou para o Universo, um dia, retornará para ela, na mesma vida ou em outras vidas.

Crer na ressurreição é entender que, após a morte, a alma ou o espírito de cada pessoa volta a ter vida, ou seja, ressuscita para uma vida nova, que não é mais humana, mas espiritual. Ao ressuscitar, a pessoa regressa à vida como ela mesma, mas em uma realidade de convivência com o Criador ou afastada dele, em um estado chamado de céu ou inferno. O que define em qual estado ou realidade a pessoa estará é a sua conduta na vida terrena. Compreende-se que, para se viver em um desses ambientes, a pessoa passará por um julgamento, segundo as suas ações, de acordo com a misericórdia e o amor divinos. Para o céu ou o paraíso irão aqueles que agiram seguindo a vontade de Deus, envolvidos pela transcendência ou seguindo a mensagem de Alá. E para o inferno irão aqueles que, por suas ações, serão condenados ao sofrimento eterno. Com isso, as tradições religiosas que acreditam na ressurreição buscam animar os seus seguidores a ajardinarem este mundo conforme a vontade divina, pois o bem que se deixa de fazer aqui fará falta na vida eterna.

Representações divinas e divindades

Na experiência religiosa, o ser humano vive um momento de transcendência, em que a vivência do sagrado é tal que a plenitude desfrutada evoca um estado de infinitude. Aí o fascínio opera com mais força do que o medo de viver e a pessoa desperta um desejo de união maior com o divino para o qual o sagrado aponta, de libertação dos limites dessa existência. Essa experiência, conforme as possibilidades simbólicas de cada cultura, normalmente, configura a transcendência em determinadas representações divinas, em diferentes formas de divindades.

Os povos, nas diversas culturas, intuíram uma dimensão sutil e espiritual que anima a vida e, em decorrência, construíram os seus ritos, os seus valores e, também, as suas formas de expressar crenças e falar de suas divindades, seus espíritos e seus deuses. As maneiras como os povos desenvolveram as suas crenças são diversas, porque vivem em lugares diferentes e, por isso, relacionam-se de modo diferente com a natureza e o mais que natural. O jeito de o ser humano se adaptar ao lugar onde vive, de enfrentar os seus desafios, de alguma forma, molda as suas crenças.

Acreditar que todas as coisas têm uma origem é algo comum entre muitos seres humanos, independentemente de suas culturas. Essa origem de todas as coisas e fonte de toda vida espiritual é o que as tradições religiosas compreendem ser Deus, enquanto princípio criador. É preciso lembrar, no entanto, que há diferentes culturas, de modo que há diferentes maneiras de nomear e representar a divindade.

Entender as maneiras como as pessoas de diferentes culturas e tradições religiosas nomeiam as suas divindades, expressando os seus valores religiosos no falar, no agir e na sua compreensão de mundo, contribui para desenvolver o respeito à diversidade humana. Esse respeito é extremamente importante para convivermos bem em sociedade.

Animismo é a religiosidade que reconhece a animação espiritual de todos os seres vivos. Interpreta as religiosidades tradicionais que enfatizam a experiência do sagrado nas forças da natureza, relacionando a interioridade humana com outros seres e coisas capazes de mostrar uma animação ou alma, além do aspecto mecânico ou material. São religiões de êxtase ou conexão mística com os espíritos, de sacrifícios ou oferendas aos cuidadores da vida.

Politeísmo diz respeito às tradições que creem em diversos deuses e estão entre as maiores e mais antigas do mundo. São exemplos o hinduísmo e o budismo, presentes, sobretudo, no continente asiático. Para as tradições politeístas, o mundo dos deuses é semelhante ao nosso mundo, e eles têm algumas características humanas: sentem amor ou raiva, brigam entre si, fazem as pazes. Por isso, em algumas dessas tradições, há o Deus ou a Deusa do amor, o Deus da guerra e outros.

Monoteísmo significa crer na existência de um único Ser Supremo, que está na origem de todas as coisas que existem. Muitas vezes, são atribuídos a esse Deus títulos como Rei, Senhor, Altíssimo. Essas maneiras de se referir a Deus ressaltam a sua superioridade sobre os seres humanos e, ao mesmo tempo, exprimem a crença de que tudo o que existe pertence a Deus. Por isso é Deus quem dá aos seres humanos algumas normas para viverem e conviverem bem, como no judaísmo, no cristianismo e no islamismo.

Teísmo é como se designa a opinião geral segundo a qual há um Deus, ou vários deuses. Já o deísmo aceita que há um Deus Criador, mas não por causa de revelações religiosas, e sim por conclusão lógica. Henoteísmo é a crença em vários deuses, mas com culto apenas a um Deus supremo; e monolatria é a crença em vários deuses, mas considerando a adoração a um deles como principal. O panteísmo é a crença de que absolutamente tudo e todos compõem um Deus abrangente, imanente, ou que o Universo e Deus são idênticos – no panteísmo, diz-se que o Universo está contido em Deus, mas Deus é maior do que o Universo. O ateísmo, em sentido amplo, é a ausência de crença na existência de divindades; já o agnosticismo considera que a capacidade humana é incapaz de saber se existem ou não divindades. São variações nas maneiras de se conceber e falar do divino, por dentro e para além das religiões.

Narrativas religiosas e textos sagrados

Tradição é algo que herdamos de nossos antepassados e que continuamos a viver no nosso presente, uma herança cultural ou legado de crenças que se passa de uma geração a outra. São conhecimentos e costumes, ritos e símbolos, além de comportamentos ensinados e praticados, de geração em geração, em uma comunidade.

Por meio da tradição oral, com as diversas histórias contadas, os povos antigos foram preservando os seus costumes, a sua língua, as suas festas, as suas cantigas, ou seja, a sua cultura. Por isso, os registros orais são reconhecidos como ensinamentos de vida que ajudam as pessoas a refletirem e analisarem o seu próprio comportamento, para melhorar o seu modo de ser e de ver a vida, com base na experiência testemunhada pelos mais velhos.

Por meio dos sábios e dos anciãos, nos templos, mas também em diversos outros lugares, como praças e mercados ou no interior das famílias, ocorre a transmissão oral de crenças e valores, dos entendimentos sobre o mundo, o humano e o divino. Um dos principais ensinamentos transmitidos sempre é a oração, a comunicação com a divindade que o povo considera sagrada. Como recebê-la em êxtase, como meditar e experimentá-la desde o interior da mente, como seguir os ensinamentos recitados nas palavras dos seus profetas. A oração é recorrente nas narrativas religiosas que buscam socializar a experiência de integridade espiritual da comunidade, demarcando tempos e espaços, orientando formas e técnicas, para despertar uma busca de descentramento, um sentimento de religação com os outros e com o divino.

Nas narrativas religiosas, elaboradas por povos e tradições em diferentes épocas, encontram-se também respostas diversas sobre a compreensão dos seres humanos com relação ao mundo e à natureza, sobre si mesmos e a relação com os outros, sobre a morte como uma passagem para outra forma de viver. Algumas narrativas míticas são semelhantes, tendo em comum o fato de que há um Deus ou uma divindade que deu início à vida, a tudo o que existe. Deu-nos a natureza para que ela oferecesse tudo o que a humanidade necessita para se desenvolver e viver bem.

Com o surgimento da escrita, muitas tradições começaram a registrar esse conhecimento. Alguns desses registros são considerados sagrados; outros, além de sagrados, são considerados revelados por Deus, por uma divindade. Há também textos preparados para atender às necessidades da realidade, que não são sagrados, e sim fontes de sabedoria e orientação para os seguidores das tradições. Nem todo texto sagrado é escrito, pois muitas tradições ainda cultivam apenas a oralidade.

Os textos reconhecidos como sagrados reúnem o conteúdo do contexto histórico e cultural, principalmente para transmitirem por narrativas simbólicas a experiência religiosa de um povo, que, em geral, torna-se memória coletiva celebrada e revivida pelos seguidores das tradições em momentos especiais. As narrativas presentes nos textos das tradições religiosas podem orientar as atitudes humanas, o comportamento das pessoas diante de si mesmas e do mundo, dando motivação e esperança, dando sentido à vida de quem lê ou ouve suas mensagens. Essas narrativas trazem mensagens que atingem o íntimo do ser humano na sua relação com o mundo e com Deus, com a divindade.

Assim, a leitura constante dos textos sagrados é praticada nas tradições religiosas de diferentes maneiras, tendo sempre presente o objetivo de levar a conhecer e compreender os conteúdos. Para interpretar o texto escrito de uma tradição religiosa é necessário não somente realizar a sua leitura, mas estar aberto para ir além do que nele está escrito, compreendendo que pode ser atualizado a cada momento, adaptado e interpretado para atender à capacidade de compreensão das pessoas e à sua realidade. Os textos escritos das tradições religiosas são tesouros para os seus seguidores, nos quais sempre encontram respostas às suas perguntas, às suas necessidades de saber como lidar com os sofrimentos e as emoções, como se relacionar com as pessoas e com o meio ambiente.

Símbolos, mitos e ritos

Símbolo é todo objeto que ganha a capacidade de remeter a uma felicidade ausente que se quer recuperar, a um poder a mais que nos faz falta. Mas todos eles podem despertar em nós mística, abrindo-nos para o respeito ao mistério da realidade que existe entre e para além deles. A linguagem religiosa é composta de símbolos, como imagens, gestos, sons e palavras, que são portadores dessa experiência de transsignificação, de reencontro com o sentido da vida além da morte, do despertar de um sentimento de religação ou de infinito. Eles carregam histórias e ensinamentos essenciais para os seguidores das tradições espirituais, ajudando-os a se comunicarem por meio daquilo que a comunidade considera sagrado.

Diferentemente dos relatos sobre os objetos do mundo, os mitos são relatos cheios de símbolos, de sinais visíveis de um mundo invisível. Eles nos mostram objetos que conduzem ao mundo dos deuses, falam da origem dos cosmos e da humanidade, dos valores fundamentais, de hierarquias e destinos, dos nossos sonhos mais arcaicos. Os mitos estão relacionados à história de um povo ou grupo social, que os utiliza como meios para explicar fatos da realidade e fenômenos da natureza que se pode ver, mas não se consegue compreender plenamente.

Por mitos também se compreendem as histórias nas quais, por meio de uma linguagem simbólica, se descrevem acontecimentos e sentimentos de personagens reais ou fictícios, divindades ou heróis. Esses elementos descritos nos mitos fazem parte de uma cultura que busca explicar e demonstrar a origem das coisas, facilitando às pessoas refletirem sobre determinadas atitudes e darem sentido a algumas práticas. Nas tradições religiosas, o objetivo principal do mito é apresentar conhecimentos a partir de histórias sagradas, que ensinam o aparecimento do mundo, o destino após a morte, o sentido da vida.

Com os mitos de criação, por exemplo, as tradições religiosas relatam o que consideram um acontecimento sagrado e oferecem, por meio dele, respostas às perguntas que são importantes para que as pessoas possam viver bem. Por esse motivo, nos seus mitos, encontram-se a criação dos elementos da natureza que cada povo considera essencial para manter a vida e, também, os espaços em que cada povo vive, orientando as preferências gastronômicas e amorosas. Assim, podemos afirmar que os mitos fazem parte da criação das identidades e dos modos de ser de cada povo e de cada tradição religiosa.

A espiritualidade deve ser uma experiência de conhecimento razoável, mas ela está sempre além da razão e, por isso, para a socialização dos seus mitos, cada religião cria espaços e tempos rituais ou litúrgicos. Trata-se da observância de gestos e palavras, individuais e coletivos, que despertam todos os sentidos e cujo significado imediato não captamos, mas são necessários para que se estabeleça uma conexão entre o nosso mundo profano e o mundo sagrado, que guia os destinos dos adeptos. Os rituais remetem-nos ao centro do Universo e à origem da História, para além de qualquer passado, para aquilo que ajuda a construir a identidade de um grupo e que não se pode esquecer. Os rituais permitem a atualização da experiência espiritual e o contato com o mundo dos espíritos, o sacrifício de oferendas ou da própria existência, a viagem para a interioridade mais profunda, a conexão com os testemunhos dos profetas e guias da tradição de fé.

A espiritualidade é uma maneira de viver de acordo com o propósito e o sentido que o ser humano encontra para a sua vida. Para quem pertence a uma tradição religiosa, a espiritualidade é o que o conecta com Deus, com as divindades e com as pessoas da comunidade. Para transmitir uma tradição espiritual, uma experiência simbólica de sagrado, as civilizações e os grupos humanos criam formas religiosas que se articulam por meio de mitos e ritos, dos quais decorrem interditos para a comunidade, sempre sob responsabilidade de um corpo de ministros autorizados e reconhecidos.

Crenças e convicções, interditos e valores religiosos

As culturas e as tradições religiosas motivam os seus seguidores a desenvolverem valores que deem sentido à sua existência, incentivando--os a expressá-los por meio de uma espiritualidade que se manifesta em um jeito próprio de ser e agir, de acordo com os seus ensinamentos. As práticas religiosas podem estar fundamentadas em ensinamentos, costumes ou orientações descritas nos textos sagrados, ou então atualizadas pela tradição viva da comunidade e das suas lideranças. O principal objetivo das práticas religiosas é possibilitar o diálogo, o encontro e a comunicação entre o ser humano e o divino, por meio de diferentes elementos que fazem parte dos seus rituais e de suas orientações para as atitudes cotidianas.

Toda religião desperta uma dimensão de crença em um princípio que nos antecede e ultrapassa, ou então de descrença em si mesmo e na ilusão de um ego separado da realidade. De todo modo, essa experiência de descentramento e busca de religação com tudo e todos, esse sentimento de relação com o infinito, engendra sempre um jeito costumeiro de ser, um *éthos* e um conjunto de valores perante a vida, frente aos alimentos, à sexualidade, aos outros, aos diferentes. Quando essa tradição de fé busca se explicar e iluminar, terapeutizando-se e se relacionando, então ela produz teologia: um discurso refletido e aberto a interpretações mais profundas e atualizadas.

Porém, em grande parte, as doutrinas religiosas vão sendo construídas intuitivamente em um processo histórico e cultural que reúne os fundamentos, as ideias essenciais e as crenças, bem como os ritos e as atitudes, que compõem uma tradição para as pessoas de uma comunidade. A tradição testemunha ritos, atitudes e crenças consideradas autênticas pelo grupo religioso. Consequentemente, para os membros de uma comunidade religiosa, esses princípios se fazem presentes no pensar, no agir e no falar de cada fiel, influenciando a dinâmica dos grupos e a vida em sociedade.

As tradições religiosas oferecem a seus membros princípios e normas de conduta estudados e praticados a partir dos seus textos escritos e das orientações de seus líderes, sendo mantidos ao longo do tempo por questões de fé e respeito àquilo que é considerado sagrado. Os princípios servem como base, início para as ações de qualquer pessoa ou instituição. Para entender a importância desses princípios, podemos pensar na ideia sobre a sacralidade da vida defendida pelas tradições religiosas: todas as formas de vida são sagradas e, portanto, merecem ser defendidas e preservadas.

As tradições religiosas apresentam orientações éticas para indicar os valores que podem auxiliar os seus seguidores a viverem de acordo com a sua identidade religiosa. Elas também contribuem com a sociedade ao indicarem caminhos comuns para a prática do amor, da solidariedade e da tolerância, a serem percorridos para construir a cultura do diálogo, do respeito e de paz. O movimento de diálogo inter-religioso cresce e pode colaborar para a paz no mundo, principalmente por meio do reconhecimento de uma Casa Comum, que nos foi dada pelo Criador para cuidar, e do entendimento de uma causa humana comum entre e para além das culturas e das religiões.

Aquilo que você quer que lhe seja feito, faça-o aos outros. Nas grandes religiões antigas e nas tradições éticas da humanidade, encontramos essa regra de ouro, como no ensinamento "não matarás" ou, em termos positivos, "tenha respeito pela vida". Concretamente, isso significa que ninguém tem o direito de torturar, de ferir e, certamente, de matar outro ser humano. E nenhum povo, nenhuma raça, nenhuma religião tem o direito de odiar, de discriminar e, certamente, de exilar ou liquidar uma minoria estrangeira que seja diferente nos costumes e nas crenças.

Ser autenticamente humano, no espírito das grandes religiões e tradições éticas no mundo de hoje, significa o seguinte: em vez de desperdiçar o poder econômico e político em batalhas implacáveis pela dominação, devemos utilizá-lo para o serviço da humanidade: num espírito de compaixão para com os que sofrem e com cuidado especial pelos pobres, deficientes, idosos, refugiados e solitários. Em vez de desonestidade, de uma adaptação à vida dissimulada e oportunista, devemos cultivar o espírito da verdade também nas relações diárias entre os seres humanos; em vez de espalhar meias-verdades ideológicas ou partidárias, devemos sempre procurar a verdade com uma sinceridade incorruptível; em vez de confundir liberdade com arbitrariedade e pluralismo com indiferença, elevemos a verdade. Em vez de dominação ou degradação patriarcal, que são a expressão da violência primordial, respeito mútuo, parceria, entendimento e tolerância; em vez de qualquer forma de lascívia sexual possessiva, ou abuso sexual, respeito mútuo, tolerância, prontidão para a reconciliação e o amor.

Liberdade religiosa e espaço público

A prática dos direitos humanos é um desafio que requer o envolvimento e o compromisso de todos os cidadãos e das instituições, para se viver em uma sociedade na qual os direitos fundamentais de igualdade, liberdade, justiça e paz sejam exercidos. Esses direitos garantem a dignidade da vida humana, desde o nascimento até a morte, sem qualquer distinção de crença, etnia, nacionalidade ou de outras condições, em qualquer lugar do mundo.

Os direitos humanos estão profundamente relacionados aos valores e aos ensinamentos das tradições religiosas, e, se observados corretamente, contribuirão muito para a humanidade diminuir as situações que geram sofrimento na história e desenvolver uma sociedade mais justa, pacífica e feliz.

A liberdade religiosa e de crença, ou de convicção, está presente desde o início do movimento moderno dos direitos humanos. A liberdade religiosa, que visa ao respeito e ao reconhecimento da pluralidade de religiões, crenças, convicções e estilos de vida, é o direito fundamental de cada pessoa ou grupo a acreditar, celebrar liturgicamente e expressar eticamente a sua religião ou crença (ou não crença, ou convicção filosófica, ou espiritualidade), bem como o direito a mudar de opinião a respeito disso de modo livre, com a garantia de que tal atitude não prejudicará outras dimensões de sua vida.

O direito à liberdade religiosa e de crença apresenta uma dimensão individual e outra comunitária. A experiência mística fundamenta-se na consciência pessoal, por isso individual, porém as tradições espirituais são também vivenciadas em comunidades de mitos, ritos e interditos compartilhados, portanto, comunitária. Há, ainda, uma dimensão sociopolítica, uma vez que as identidades religiosas ou as convicções filosóficas precisam conviver com a alteridade das expressões culturais de crença, na pluralidade crescente do mundo que se globaliza.

Como pauta dos direitos humanos, o respeito à diversidade religiosa insere-se na garantia da liberdade de religião e crença, expresso no art. 18 da Declaração Universal dos Direitos Humanos (ONU, 1948). Nesse sentido, o respeito às espiritualidades da humanidade e a defesa da liberdade religiosa implicam, simultaneamente, o combate à intolerância religiosa e a proteção da diversidade que compõe o pluralismo religioso e cultural, reconhecendo a reverência àquilo que pessoas e grupos consideram sagrado como de importância fundamental na promoção de uma cultura de paz.

Além da Declaração Universal dos Direitos Humanos, a liberdade religiosa é garantida no Pacto Internacional de Direitos Civis e Políticos, na Convenção dos Direitos da Criança e nas Convenções Americana e Europeia de Direitos Humanos. As limitações a esse direito são aquelas necessárias para proteger o bem-estar e os direitos das outras pessoas e grupos, ou seja, o direito à liberdade religiosa é interdependente com os outros direitos fundamentais que visam ao bem comum.

No Estado Democrático de Direito, o cidadão tem a garantia de poder assumir a sua religiosidade sem restrições, da mesma forma que aceita conviver pacificamente com aqueles que preferem professar outra religião ou não ter crença alguma. A liberdade de crença, da qual deriva a liberdade de culto e de organização religiosa, encerra um conteúdo jurídico que implica a liberdade de crer ou não crer; o direito de escolher, conforme o livre-arbítrio, uma crença ou filosofia, engajando-se em sua associação; e medidas de proteção, incluindo a objeção de consciência, isto é, a possibilidade de o indivíduo invocar a sua crença religiosa para eximir-se de certas obrigações, sob a condição de cumprimento de prestação alternativa (como nos casos de serviço militar, restrições alimentares e dias sagrados).

Na Constituição Federal (BRASIL, 1988), a liberdade religiosa é uma especialização da liberdade de pensamento prevista no art. 5º, já a intolerância religiosa é considerada crime de ódio por ferir a liberdade e a dignidade humana, prevista na Lei n. 9.459/1997, que prevê, em seu art. 20, pena de reclusão de um a três anos e multa para quem "praticar, induzir ou incitar a discriminação ou preconceito de raça, cor, etnia, religião ou procedência nacional" (BRASIL, 1997). Então, o direito de criticar dogmas e crenças, de quaisquer tradições religiosas ou convicções filosóficas, é assegurado como liberdade de expressão pela República brasileira, mas atitudes agressivas, ofensas e tratamento diferenciado a alguém em função de alguma crença ou de não ter religião são crimes inafiançáveis e imprescritíveis.

O ser humano é um ser político porque está a todo o momento negociando, organizando e administrando a sua vida no trabalho, na escola, na família, no trânsito e até mesmo em uma comunidade religiosa. Ele conversa, troca e discute ideias no intuito de conquistar aquilo que deseja e necessita. Por outro lado, as pessoas que aderem a uma tradição religiosa não se limitam a seguir as suas orientações e os seus valores apenas quando estão no espaço religioso. Elas são religiosas a todo o momento, inclusive na vida política.

A política e a vida em sociedade também são pautadas por aquilo que as tradições religiosas ensinam a seus fiéis. Denunciar o que está errado e buscar soluções concretas para as dificuldades enfrentadas na sociedade fazem parte do dia a dia de cada pessoa. Por isso, muitos líderes, das mais variadas tradições religiosas, denunciam e protestam quando algo está errado, à procura do diálogo para resolver o que é necessário. Esses líderes seguem as orientações de sua tradição religiosa.

Em uma sociedade democrática, porém, deve-se fortalecer o compromisso das pessoas religiosas de rezarem e discutirem os problemas sociais à luz de sua tradição e textos sagrados, atualizando e aprofundando valores humanos que, então, os seus líderes comunitários e as suas lideranças políticas podem, de maneira autônoma e madura, e não em nome de uma igreja ou para uma igreja, traduzir em argumentos para o debate público, em favor do bem comum.

Não é o caso de apadrinhamento particular com o Estado, por cima, mas de articulação por baixo, com a sociedade civil. Na República, uma religião não deveria formar partido político, tampouco ter concessão de meios de comunicação, mas sim educar os seus membros para traduzir os valores de sua fé em uma práxis ética para todos os partidos que prestam serviço à sociedade e quaisquer seções de jornal, televisão ou internet. Assim se pode avançar na administração da diversidade e de suas controvérsias, de modo que todos podem descobrir, em diferentes sons e mantras religiosos e convicções espirituais, um sonho humano comum.

REFERÊNCIAS

AMBALU, S. *et al*. *O livro das religiões*. Trad. Bruno Alexander. São Paulo: Globo, 2014.

BRASIL. Constituição (1988). Constituição da República Federativa do Brasil. *Diário Oficial da União*, Poder Legislativo, Brasília, DF, 1988. Disponível em: http://www.planalto.gov.br/ccivil_03/constituicao/constituicaocompilado.htm. Acesso em: 5 maio 2023.

BRASIL. Lei n. 9.459, de 13 de maio de 1997. *Diário Oficial da União*, Poder Legislativo, Brasília, DF, 14 maio 1997. Disponível em: https://www2.camara.leg.br/legin/fed/lei/1997/lei-9459-13-maio-1997-374814-publicacaooriginal-1-pl.html. Acesso em: 5 maio 2023.

CROATTO, J. S. *As linguagens da experiência religiosa*. Uma introdução à fenomenologia da religião. São Paulo: Paulinas, 2001.

CRUZ, E. R. da. *A persistência dos deuses*. São Paulo: Unesp, 2004.

KUNG, H. *Religiões do mundo*. Campinas: Verus, 2004.

ONU, ORGANIZAÇÃO DAS NAÇÕES UNIDAS. *Declaração Universal dos Direitos Humanos*. Adotada e proclamada pela Assembleia Geral das Nações Unidas (Resolução n. 217 A III) em 10 de dezembro 1948. Disponível em: https://www.unicef.org/brazil/declaracao-universal-dos-direitos-humanos. Acesso em: 5 maio 2023.

SCHERER, B. *As grandes religiões:* temas centrais comparados. Petrópolis: Vozes, 2005.

SUGESTÕES DE LEITURA

BERKENBROCK, V. J. *O mundo religioso*. Petrópolis: Vozes, 2019.

- Conceitos em torno da religião, p. 38-39.
- Hipóteses sobre a origem da palavra "religião", p. 41-44.
- As teorias sobre a origem da religião, p. 45-52.

JUNQUEIRA, S.; BRANDENBURG, L.; KLEIN, R. (org.). *Compêndio do Ensino Religioso*. São Leopoldo: Sinodal; Petrópolis: Vozes, 2017.

- Conteúdos do Ensino Religioso – Matheus Oliva da Costa, p. 181-190.

Parte II

Roteiros de atividades

Há roteiros que propõem atividades com o uso de recursos digitais, como acesso à internet durante a aula de Ensino Religioso. Sempre que esses recursos não estiverem à disposição da realidade, sugere-se preparar sínteses, materiais impressos ou recorrer a outras metodologias para adaptá-los.

A unidade temática "Manifestações religiosas" visa: "proporcionar o conhecimento, a valorização e o respeito às distintas experiências e manifestações religiosas, e a compreensão das relações estabelecidas entre as lideranças e denominações religiosas e as distintas esferas sociais"[16].

Ano escolar	Objeto de conhecimento	Habilidades
1º Ano	Sentimentos, lembranças, memórias e saberes	(EF01ER05) Identificar e acolher sentimentos, lembranças, memórias e saberes de cada um. (EF01ER06) Identificar as diferentes formas pelas quais as pessoas manifestam sentimentos, ideias, memórias, gostos e crenças em diferentes espaços.
2º Ano	Alimentos sagrados	(EF02ER06) Exemplificar alimentos considerados sagrados por diferentes culturas, tradições e expressões religiosas. (EF02ER07) Identificar significados atribuídos a alimentos em diferentes manifestações e tradições religiosas.
3º Ano	Práticas celebrativas	(EF03ER03) Identificar e respeitar práticas celebrativas (cerimônias, orações, festividades, peregrinações, dentre outras) de diferentes tradições religiosas. (EF03ER04) Caracterizar as práticas celebrativas como parte integrante do conjunto das manifestações religiosas de diferentes culturas e sociedades.
	Indumentárias religiosas	(EF03ER05) Reconhecer as indumentárias (roupas, acessórios, símbolos, pinturas corporais) utilizadas em diferentes manifestações e tradições religiosas. (EF03ER06) Caracterizar as indumentárias como elementos integrantes das identidades religiosas.

16 BRASIL. Ministério da Educação. *Base Nacional Comum Curricular (BNCC)*: educação é a base. Brasília: CNE/CEB, 2018, p. 436.

4º Ano	Ritos religiosos	(EF04ER01) Identificar ritos presentes no cotidiano pessoal, familiar, escolar e comunitário. (EF04ER02) Identificar ritos e suas funções em diferentes manifestações e tradições religiosas. (EF04ER03) Caracterizar ritos de iniciação e de passagem em diversos grupos religiosos (nascimento, casamento e morte). (EF04ER04) Identificar as diversas formas de expressão da espiritualidade (orações, cultos, gestos, cantos, dança, meditação) nas diferentes tradições religiosas.
	Representações religiosas na arte	(EF04ER05) Identificar representações religiosas em diferentes expressões artísticas (pinturas, arquitetura, esculturas, ícones, símbolos, imagens), reconhecendo-as como parte da identidade de diferentes culturas e tradições religiosas.
7º Ano	Místicas e espiritualidades	(EF07ER01) Reconhecer e respeitar as práticas de comunicação com as divindades em distintas manifestações e tradições religiosas. (EF07ER02) Identificar práticas de espiritualidade utilizadas pelas pessoas em determinadas situações (acidentes, doenças, fenômenos climáticos).
	Lideranças religiosas	(EF07ER03) Reconhecer os papéis atribuídos às lideranças de diferentes tradições religiosas. (EF07ER04) Exemplificar líderes religiosos que se destacaram por suas contribuições à sociedade. (EF07ER05) Discutir estratégias que promovam a convivência ética e respeitosa entre as religiões.

Sentimentos, lembranças, memórias e saberes

Aline Pereira Machado[17]

Você já descreveu o seu amor por outra pessoa? Alguma vez já sentiu medo? Mostra-se curioso com alguma situação? Entediado? Já chorou por não ter conseguido resolver um problema? Sentiu-se muito triste alguma vez? Já deu pulos de alegria por ter conquistado algo? Lembra-se com carinho de algum momento vivido? Esses questionamentos movem as diferentes experiências humanas, e, a partir delas, o ser humano é capaz de vivenciar múltiplos sentimentos, lembranças, memórias e diferentes saberes que fazem parte de sua história. Esse é o ponto fundamental para compreendermos a importância desse objeto de conhecimento e como desenvolvê-lo no dia a dia com os estudantes.

Nesse sentido, vamos começar definindo experiência: "é tudo aquilo que 'nos passa', ou que nos toca, ou que nos acontece, e ao nos passar nos forma e nos transforma. Somente o sujeito da experiência está, portanto, aberto à sua própria transformação"[18].

Essa transformação acontece não pelo excesso e pelo volume de informação que, diariamente, ocorrem no espaço da sala de aula, mas por meio de situações que promovem o encontro com o outro, na convivência diária que deixa as suas marcas, produz afetos e narra os

17 Pós-graduada em Aprendizagem criativa e em Ciências da Religião pela Pontifícia Universidade Católica de Minas Gerais (PUC Minas) e em Metodologia do Ensino pelo Centro de Estudos e Pesquisas Educacionais de Minas Gerais (Cepemg), graduada em Pedagogia com ênfase em Ensino Religioso pela PUC Minas e formada em Metodologia de Dinâmica de Grupo. É professora de Ensino Religioso da Educação Infantil e do 6º ano do Ensino Fundamental.

18 BONDÍA, J. L. Notas sobre a experiência e o saber da experiência. *Revista Brasileira de Educação*, n. 19. 2022. Disponível em: https://www.scielo.br/j/rbedu/a/Ycc5QDzZKcYVspCNspZVDxC. Acesso em: 19 jan. 2023.

diferentes acontecimentos. Essas experiências são vividas e sentidas pelo próprio corpo, e seus ensinamentos são essenciais para a vida[19].

O objeto de conhecimento "Sentimentos, lembranças, memórias e saberes" amplia o olhar para um processo educativo em que a alfabetização emocional precisa promover e aproveitar as oportunidades dentro e fora da sala de aula, com o intuito de ajudar os estudantes a transformarem a aprendizagem em experiências com sentido. Podemos dizer que, como prática humana, a educação é o lugar da vivência dos sentimentos, dos desejos, dos sonhos, das frustrações, das memórias e das diferentes narrativas de vida.

O reconhecimento dos sentimentos e das emoções requer um trabalho cognitivo, que permita ao estudante a tomada de consciência dos próprios estados emocionais e dos outros, suas causas e consequências, para que, a partir desse ponto, possa estabelecer conexões, reativar memórias, lembranças da história pessoal. Esse é um passo importante na construção do autoconhecimento, sem o qual teremos dificuldade de prever nossos próprios estados de ânimo. Para Moreno e Sastre[20], inclusive, não desenvolver a consciência de nossos próprios estados emocionais pode dificultar "descobrir por que experimentamos determinado sentimento", como o mau humor, ou por que "respondemos inesperadamente de forma brusca a uma pessoa que não tem nada a ver com a problemática que realmente nos preocupa".

Nessa perspectiva, as atividades pedagógicas propostas têm como objetivo o desenvolvimento afetivo dos estudantes, utilizando práticas corporais que estimulam a expressão dos sentimentos, que possibilitam o autoconhecimento contribuindo no processo de construção das identidades, que estimulam a imaginação e a escuta ativa, bem como o conhecimento da própria história de vida em suas múltiplas dimensões, inclusive a religiosa.

---

19 FREIRE, P. *Pedagogia da autonomia*: saberes necessários à prática educativa. 7. ed. São Paulo: Paz e Terra, 1996. (Coleção Leitura).

20 SASTRE, G.; MORENO, M. *Resolução de conflitos e aprendizagem emocional*. Campinas: Moderna, 2002, p. 53.

ROTEIRO 01

Título/tema	Revelando os sentimentos
Unidade temática	Manifestações religiosas
Objeto de conhecimento	Sentimentos, lembranças, memórias e saberes
Habilidade(s)	(EF01ER05) Identificar e acolher sentimentos, lembranças, memórias e saberes de cada um.
Previsão de horas/aula(s)	Duas horas/aulas
Recursos	· Equipamento para projeção audiovisual, com acesso à internet. · Caixa decorada, com espaço para o estudante colocar a mão dentro e retirar o conteúdo sem vê-lo (a caixa pode ser de sapato ou semelhante, com um furo na lateral). · Diversos recortes de *emojis*, representando vários sentimentos, para colocar dentro da caixa. · Música "Cara de quê?", de Guto Candian (Grupo Coração Palpita), disponível na internet. · Espelho de tamanho mediano para os estudantes verem como se expressam. · Círculos de papel, o suficiente para cada estudante. · Lápis de cor, canetinhas e/ou giz de cera colorido. · Cartolina ou papel kraft. · Cola. · Folha de papel A4 para cada participante.

OBSERVAÇÃO

Atividade mobilizadora 1

Promova uma "chuva de ideias" com os estudantes a respeito de como se sentem. Para isso, pode-se eleger algumas situações do cotidiano deles, tais como: "quando alguém grita, eu sinto..."; "quando está chovendo com raios e trovões, eu sinto..."; "quando recebo um convite para uma festa de aniversário de um colega, eu sinto..."; "quando um bom amigo muda de escola, eu sinto..."; "quando recebo um presente, eu sinto...". Pode-se também solicitar que os próprios estudantes proponham algumas situações, próprias ou de outras pessoas, para relacionar com os seus sentimentos.

IMPORTANTE

Elabore perguntas norteadoras que possibilitem o diálogo e a escuta ativa das diferentes percepções dos estudantes.

Em seguida, proponha uma roda de conversa para refletirem sobre como surgem os sentimentos. Explique como as pessoas se sentem e reagem diante de algumas situações do dia a dia, como quando são contrariadas, quando conquistam algo que desejaram muito, quando recebem uma notícia triste ou alegre, dentre outras.

IDENTIFICAÇÃO E ANÁLISE

Atividade mobilizadora 2

Relembre com os estudantes os aspectos marcantes da atividade proposta anteriormente. Isso é importante, porque fazer memória do que foi vivenciado favorece a compreensão das relações entre o que se passou e o presente, propiciando aos estudantes relacionarem a sua identidade com a de seus pares em uma experiência de alteridade. Nesse processo, a habilidade de registrar acontecimentos, acessados pela memória, pode ser desenvolvida com os estudantes, visto que a sua prática no processo de ensino-aprendizagem auxilia no reconhecimento de que a produção de saberes se faz historicamente e por meio dos tempos.

É significativo observar que as memórias são individuais e coletivas. Esse momento prepara à compreensão de aspectos desse componente necessários aos anos escolares seguintes, como a percepção de que os âmbitos pessoais e coletivos se constroem historicamente, algo importante de se associar com as tradições religiosas.

Converse com os estudantes partindo das seguintes perguntas: O que são os sentimentos? Como identificamos os sentimentos? Na família, de que forma as pessoas expressam seus sentimentos? Na comunidade religiosa, existem situações marcantes que conhecem ou vivenciaram em que as pessoas expressaram os seus sentimentos? Ajude-os a identificarem sentimentos, emoções, observados em momentos diversos de suas convivências e experiências.

Aprofunde com os estudantes a identificação das emoções por meio de uma atividade que envolva coreografia. Sugere-se selecionar o clipe da música "Rock das emoções", de letra e melodia de Patricia P. Pandolfe, disponível no YouTube.

VÍDEO

ROCK das emoções/Habilidades emocionais na Educação Infantil/Musicalização infantil. 1 vídeo (2 min.), 2020. Publicado pelo canal DoReMiPaty Canal.

Após os estudantes aprenderem a coreografia, converse sobre a letra da música, destacando as reações diante do sentir.

Atividade mobilizadora 3

Promova uma roda de *conver*sa por meio da caixa dos sentimentos, preparada previamente. A caixa pode ser de sapato, decorada, e deve ter um espaço *para* o estudante colocar a mão sem ver o conteúdo. Dentro dela, inclua vários emojis que representem diferentes sentimentos. A intenção é que cada estudante coloque a mão dentro da caixa e retire dela um emoji.

Inicie a atividade mobilizadora instigando a curiosidade e o processo de investigação a parti*r da* pergunta: o que será que tem dentro desta caixa?

Como inspiração para dinamizar a atividade, pode-se acessar a música "A caixa", de Brincando de Papel, disponível no YouTube.

VÍDEO

BRINCANDO de Papel – A caixa. 1 vídeo (3 min.), 2016. Publicado pelo canal Brincando de Papel.

A dinâmica segue a cada emoji revelado, que deve ser explorado por meio de perguntas norteadoras como: quando eu fico TRISTE? Quando eu sinto AMOR? Quando eu me sinto CURIOSO? O que você sente quando está com MEDO? De onde vem a ALEGRIA? Onde sentimos todas as emoções?

A atividade será uma oportunidade de identificar, acolher e explorar sentimentos e emoções em situações diversas da convivência em família, com amigos, na escola e na comunidade religiosa.

Esclareça aos estudantes que as emoções são reações espontâneas e podem ser passageiras, já os sentimentos são duradouros e expressam a maneira como uma pessoa interpreta uma emoção vivida. Os sentimentos podem durar dias, semanas ou anos, a depender da experiência à qual estão relacionados. Apresente exemplos para favorecer a compreensão na distinção, tal como: o amor aos pais durará a nossa vida toda, já a raiva por não terem nos deixado ir a algum passeio será uma emoção que tende a passar. Incentive-os a falarem de suas emoções e seus sentimentos, ajudando-os a identificá-los e acolhê-los.

Na próxima atividade, propõe-se retomar brevemente a aprendizagem do estudo anterior auxiliando os estudantes no processo de identificar o que aprenderam a respeito de emoções e sentimentos.

Organize, então, uma brincadeira com a música “Cara de quê?”, de Guto Candian (Grupo Coração Palpita). Sugere-se apresentá-la em vídeo, disponível no YouTube.

A música descreve expressões, e sugere-se orientar os estudantes a tentarem fazê-las. A atividade visa desenvolver o reconhecimento e o respeito diante das diferentes expressões dos sentimentos, com atenção ao próprio corpo e aos processos que contribuem para a construção da identidade.

VÍDEO

CARA de quê? – Guto Candian (Grupo Coração Palpita). 1 vídeo (4 min.), 2020. Publicado pelo canal Gisele O. Gesser.

Motive os estudantes a entrarem na brincadeira no ritmo da música, propondo que façam as expressões descritas para o colega. Passeie pela sala com um espelho e, enquanto os estudantes estiverem em duplas fazendo as expressões ao som da música, deixe-os observarem em seu reflexo como se expressam. A intenção é que recon*heçam* as diferentes expressões do próprio corpo. No fim, promova um momento de partilha da experiência.

APROPRIAÇÃO E RESSIGNIFICAÇÃO

A partir das experiências vivenciadas, os estudantes irão desenhar um emoji que expresse um sentimento. Para isso, entregue um círculo de pape*l para cada estudante e recursos artísticos (lápis de cor, canetinhas, giz de cera etc.).*

Crie o “termômetro dos sentimentos” da turma com os desenhos, utilizando cartolina ou papel kraft. Ao colar cada emoji desenhado, peça que o seu autor nomeie o sentimento por ele representado. No fim, observando o “termômetro”, converse com os estudantes sobre como lidar com os sentimentos ali desenhados. Quais atitudes podemos ter, por exemplo, diante do medo e da raiva?

Roda de conversa

Promova um momento para refletir com os estudantes sobre como foi o desenvolvimento das brincadeiras e das atividades. Sugerem-se as perguntas:

- Com esta atividade, podemos perceber os sentimentos de toda a nossa turma. Qual sentimento mais apareceu? E qual menos apareceu?
- Podemos reconhecer como uma pessoa está se sentindo vendo as expressões dela? Isso é possível sempre?
- O que podemos fazer com o que estamos sentindo? Quando estamos tristes ou vemos alguém triste, o que podemos fazer?

Converse com os estudantes sobre o fato de nem sempre ser possível ter certeza sobre o sentimento de alguém. Isso, às vezes, pode levar a julgamentos equivocados, como acreditar que alguém esteja com raiva de nós quando, na verdade, está passando por situações difíceis.

É importante, ainda, mencionar que algumas pessoas encontram dificuldades para identificar, entender e lidar com as suas emoções e os seus sentimentos. Destaque a importância de se empenhar para cuidar das emoções, de modo que elas não sejam manifestadas agressivamente ou que venham a ofender e magoar os outros.

ATIVIDADE AVALIATIVA

A avaliação é processual e contínua. Observe o desenvolvimento dos estudantes durante as etapas de cada atividade desenvolvida. Outro ponto fundamental é observar como foi o uso da linguagem por meio dos símbolos, assim como o desenvolvimento dos estudantes durante as atividades: como foram a interação, o envolvimento e as possíveis reações entre os colegas?

Como atividade avaliativa, pode-se solicitar aos estudantes que realizem um desenho identificando como expressam os seus sentimentos, o que gostam de fazer quando estão alegres, tristes ou irritados.

ROTEIRO 02

Título/tema	Passeando pela Ilha dos Sentimentos
Unidade temática	Manifestações religiosas
Objeto de conhecimento	Sentimentos, lembranças, memórias e saberes
Habilidade(s)	(EF01ER05) Identificar e acolher sentimentos, lembranças, memórias e saberes de cada um. (EF01ER06) Identificar as diferentes formas pelas quais as pessoas manifestam sentimentos, ideias, memórias, gostos e crenças em diferentes espaços.
Previsão de horas/aula(s)	Uma hora/aula
Recursos	· História "A Ilha dos Sentimentos", de Renilson Câmara (disponível na internet). · Cenário para a contação da história adaptada. · Folhas de papel colorido. · Orientações para a dobradura de um barquinho.

OBSERVAÇÃO

Atividade mobilizadora

Promova o momento de relembrar, fazer memória, da aprendizagem sobre o que já sabem a respeito dos sentimentos.

Dinâmica

Combine com os estudantes que dirá algumas palavras e eles explicarão o que significam para eles. As palavras são: orgulho, riqueza, tristeza, felicidade, vaidade.

A partir do que explicarem, explore o que significam essas palavras na convivência com as pessoas: o que acontece quando alguém é orgulhoso; quando alguém está triste ou feliz. Ao trabalhar com a palavra "riqueza", pode-se explorar duas concepções: a de pessoas que, mesmo possuindo muitos bens, são humildes; e a de pessoas que acreditam que ter bens materiais é mais importante, por isso não precisam cuidar ou respeitar os seus semelhantes.

IDENTIFICAÇÃO E ANÁLISE

Converse com os estudantes a partir das perguntas: você conhece ou já viu alguma ilha? Como seria viver numa ilha?

Comente que, geralmente, quando se fala de uma ilha, entende-se que se trata de ficar afastado, não ter pessoas por perto, estar sozinho ou com poucas pessoas. Explique que ficar alguns momentos sozinhos é bom e necessário, mas viver sempre sozinho nos limita. A partir das percepções dos estudantes, pergunte: como seria uma Ilha dos Sentimentos?

Realize um momento de contação da história "A Ilha dos Sentimentos", do autor Renilson Câmara. A história pode ser encontrada na internet ou acessada em vídeo no YouTube, com a narração de Juçara Batichot.

VÍDEO

A ILHA dos sentimentos – Varal de Histórias. 1 vídeo (5 min.), 2017. Publicado pelo canal Varal de Histórias.

A proposta é organizar o cenário para contar a história em sala de aula de modo adaptado, sem uso do recurso em vídeo.

Em uma roda de conversa, após a história ser contada, promova o diálogo e a escuta ativa dos estudantes. Proponha algumas perguntas e/ou comentários para ajudar o desenvolvimento do diálogo:

IMPORTANTE

Na contação da história, substitua a palavra "sabedoria" (característica de quem é sábio) por um sentimento, como a esperança (que dá sentido à vida). Ainda, pode-se inserir outros sentimentos segundo a realidade da turma.

- Quais são os sentimentos que estão presentes na história?
- O que significam esses sentimentos?
- Quais desses sentimentos vocês experimentaram?
- O que aconteceu com o AMOR? Por quê?

Retome com os estudantes o que foi conversado sobre as palavras "riqueza", "orgulho", "tristeza" e "felicidade". Associe as reflexões da turma ao que acontece na história, destacando que, às vezes, as pessoas agem apenas percebendo a si mesmas e não consideram o que os outros precisam ou estão sentindo. Explore as experiências dos estudantes associadas a momentos vividos com o sentimento do amor, comparando com o que aconteceu quando não receberam atenção ou ajuda em momentos de necessidade. Ainda, ajude-os a observarem que, quando estamos muito felizes, podemos não perceber que um irmão ou um colega precisa de ajuda, de atenção.

APROPRIAÇÃO E RESSIGNIFICAÇÃO

Converse com os estudantes sobre os sentimentos poderem ser positivos e negativos, agradáveis ou desagradáveis. Mencione que as pessoas manifestam sentimentos também em suas práticas religiosas, como quando participam de algum momento celebrativo em suas comunidades religiosas. Pergunte se algum dos estudantes participa das atividades da sua tradição religiosa, ou se conhece alguém que participa, e peça para que comente quais sentimentos são vividos e/ou observados no espaço religioso. Ajude-os a identificarem se as expressões são de paz, tristeza, alegria...

Apresente aos estudantes o sentimento do amor e converse sobre como ele é vivido nas relações humanas. Depois, explique que esse sentimento é muito mencionado pelas tradições religiosas que orientam a praticá-lo no dia a dia com as pessoas, com a natureza e na sua relação com o transcendente (Deus, divindades etc.).

Distribua folhas de papel colorido para os estudantes. A proposta agora é favorecer a compreensão das diferentes possibilidades de comunicação e de expressão por meio da recontação da história "A Ilha dos Sentimentos", mas de modo adaptado, com a participação dos estudantes.

Oriente os estudantes para que, com as folhas coloridas, façam a dobradura de um barquinho. Peça para imaginarem qual sentimento esse barquinho representa, podendo ser qualquer outro não mencionado na história. Solicite que os estudantes nomeiem o seu barquinho de acordo com o sentimento escolhido. Faça a recontação da história coletivamente, a partir dos sentimentos que os estudantes escolheram. Cada estudante deverá recontar uma parte da história inserindo nela o sentimento escolhido, com o desafio de dar continuidade à narrativa do colega anterior. Não é preciso que a história tenha o mesmo desfecho.

Explore com os estudantes quantos sentimentos diferentes cabiam naquela ilha, sendo importante conhecê-los para que nenhum deles seja incompreendido. Explique que a história aponta que precisamos dar atenção aos nossos sentimentos para entendê-los. Explore também como os sentimentos são vividos em momentos de convivência familiar, em brincadeiras ou no estudo com os amigos.

ATIVIDADE AVALIATIVA

A avaliação é processual e contínua. Observe o desenvolvimento dos estudantes em sua criatividade durante a recontação da história coletiva.

Como atividade avaliativa, pode-se propor a produção de um texto coletivo sobre os sentimentos e a sua importância na vida e na convivência com as pessoas.

ROTEIRO 03

Título/tema	Histórias para contar, memórias para relembrar
Unidade temática	Manifestações religiosas
Objeto de conhecimento	Sentimentos, lembranças, memórias e saberes
Habilidade(s)	(EF01ER05) Identificar e acolher sentimentos, lembranças, memórias e saberes de cada um. (EF01ER06) Identificar as diferentes formas pelas quais as pessoas manifestam sentimentos, ideias, memórias, gostos e crenças em diferentes espaços.
Previsão de horas/aula(s)	Duas horas/aulas
Recursos	· Objetos pessoais que representam algum fato ou acontecimento da história de vida dos estudantes (cada estudante deverá trazer um objeto escolhido com a ajuda da família). · Baú de memórias (caixa decorada de tamanho suficiente para colocar os objetos pessoais dos estudantes). · Seis quadrados de papel para cada estudante desenhar ou escrever. · Lápis de cor, canetinhas e giz de cera.

OBSERVAÇÃO

Atividade mobilizadora 1

Retome a aprendizagem do estudo anterior com perguntas norteadoras: o que você aprendeu? Conhecemos "A Ilha dos Sentimentos", a história fez você se lembrar de...?

Solicite aos estudantes para escolherem, com a ajuda de seus familiares, um objeto que traz consigo uma memória, uma lembrança, de sua história pessoal, como um sapatinho de bebê, um brinquedo, um símbolo religioso, uma fotografia, enfim, algo especial que deverá ser trazido para compor o baú de memórias da turma. Oriente-os para escolherem algo que não seja frágil, apenas para evitar que o transporte e o manuseio venham a quebrá-lo. Ainda ofereça como alternativa que possam trazer uma fotografia ou um desenho do objeto, caso os familiares não concordem que retire de casa.

Atividade mobilizadora 2

Prepare um baú de memórias e o posicione no centro da sala. Ao redor, promova uma roda de conversa e solicite que cada estudante coloque dentro do baú os objetos pessoais.

Convide os estudantes, um de cada vez, para que peguem com cuidado, no baú, um dos objetos e mostrem ao grupo. O estudante que trouxe o objeto, ao vê-lo ser retirado do baú pelo colega, terá a oportunidade de dizer qual memória ele representa na sua história de vida. O objeto, após ser apresentado, pode ser devolvido ao estudante que o trouxe.

Motive os estudantes a reconhecerem a importância de alguns acontecimentos em nossas vidas que são relembrados por meio de objetos. Ajude-os a identificarem se o objeto que trouxeram está relacionado a alguma tradição religiosa.

IDENTIFICAÇÃO E ANÁLISE

Explore com os estudantes a importância dos acontecimentos que marcam a vida das pessoas e se tornam lembranças, memórias. Esclareça que os momentos podem ser revividos por meio de fotografias que, ao serem vistas, fazem recordar conversas, brincadeiras, momentos religiosos dos quais pessoas e famílias participaram, momentos de aprendizagem e outros.

Solicite aos estudantes que comentem o que sabem sobre as lembranças relacionadas a acontecimentos religiosos vividos em família ou por alguma pessoa de sua convivência, como também se há objetos que ajudam a lembrar esses momentos.

APROPRIAÇÃO E RESSIGNIFICAÇÃO

Jogo da memória

Promova um jogo da memória com a turma. Distribua lápis de cor, canetinhas, giz de cera e seis quadrados de papel para cada estudante. Em cada par de quadrados, oriente-os a:

- desenharem o objeto pessoal que trouxeram e que os remete a lembranças de algo importante de suas vidas;
- desenharem uma pessoa importante em suas vidas;
- escreverem o próprio nome.

Divida a turma em grupos ou duplas para brincarem com o jogo da memória e conhecerem a história de cada um. Oriente-os para que, quando as cartas formarem par, quem as produziu deve comentar algo sobre elas. Pode ser sobre o nome, sobre o objeto ou sobre a pessoa especial que foi desenhada.

Após o jogo ser concluído, pode-se incentivar novas rodadas trocando os membros do grupo ou da dupla. No fim, converse com a turma sobre como é legal conhecer o que é importante para as pessoas com as quais convivemos, quais são os seus sentimentos diante de objetos e pessoas importantes. Saber que os objetos podem ter uma história significativa a alguém nos ajuda a respeitar o que é próprio de cada um.

Peça que comentem o que identificaram de semelhante ou diferente entre as cartas. Alguém desenhou a mesma coisa? Há colegas de mesmo nome? Faça perguntas para ajudá-los a descreverem a experiência do jogo.

Explore também quais sentimentos podemos identificar nas histórias relacionadas às cartas usadas no jogo da memória. Ajude-os a observarem que algumas memórias se relacionam a acontecimentos, enquanto outras estão associadas a pessoas e o que estas representam em nossas vidas.

SUGESTÃO

Pode-se oferecer orientações aos estudantes para brincarem com o jogo da memória em família. Para isso, distribua mais quadrados de papel para que levem para casa.

ATIVIDADE AVALIATIVA

A avaliação é processual e contínua. Observe o desenvolvimento dos estudantes com relação à partilha da história pessoal e à capacidade de interação por meio do jogo da memória.

Pode-se fazer uma lista coletiva de frases resumindo o aprendizado da turma, seguindo este ou outro roteiro mais adequado à realidade: objetos representam memórias; objetos marcam a história de vida; há pessoas importantes em nossa história; respeito àquilo que pertence ao outro, seja um sentimento, seja um objeto; e outros aspectos que podem ter surgido no decorrer do estudo.

ROTEIRO 04

Título/tema	Colcha da vida: construindo saberes
Unidade temática	Manifestações religiosas
Objeto de conhecimento	Sentimentos, lembranças, memórias e saberes
Habilidade(s)	(EF01ER05) Identificar e acolher sentimentos, lembranças, memórias e saberes de cada um. (EF01ER06) Identificar as diferentes formas pelas quais as pessoas manifestam sentimentos, ideias, memórias, gostos e crenças em diferentes espaços.
Previsão de horas/aula(s)	Duas horas/aulas
Recursos	· Equipamento para projeção audiovisual com acesso à internet. · Letra da música "Eu", do grupo Palavra Cantada (disponível na internet). · Perguntas impressas para que os estudantes realizem a entrevista com os seus avós. · Rolo de papel kraft. · Tinta guache e pincéis.

OBSERVAÇÃO

Atividade mobilizadora 1

Relembre a aprendizagem das atividades realizadas anteriormente. Explore as respostas a perguntas norteadoras, tais como: o que você aprendeu? Como foi brincar com o jogo da memória e contar um pouquinho de você aos colegas?

Apresente o clipe da música "Uma estória", do grupo Palavra Cantada, disponível no YouTube. O clipe envolve crianças e adultos em uma brincadeira musical chamada "Dá sua mão".

> **VÍDEO**
>
> PALAVRA Cantada | Dá Sua Mão. 1 vídeo (2 min.), 2015. Publicado pelo canal Palavra Cantada Oficial.

Aproveite a dinâmica proposta no vídeo para explorar com os estudantes que as lembranças fazem parte das nossas vidas, formando uma linha de acontecimentos que compõem a nossa história e são guardados na memória. Comente que são momentos afetivos, que mexem com as emoções das pessoas quando lembrados.

Atividade mobilizadora 2

A depender da maturidade dos estudantes, sugere-se apresentar o clipe da música "Eu", também do grupo Palavra Cantada, disponível no YouTube.

> **VÍDEO**
>
> PALAVRA Cantada | Eu. 1 vídeo (4 min.), 2016. Publicado pelo canal Palavra Cantada Oficial.

Explore o texto da música destacando a história familiar nela descrita. Explique que a diversidade que compõe as nossas famílias não é apenas cultural, mas também religiosa. Converse com os estudantes sobre o que conhecem da história de seus avós – como eles se conheceram, onde nasceram e outros detalhes que a conversa possibilitar. Pergunte se houve alguma celebração religiosa que marcou a união deles.

IDENTIFICAÇÃO E ANÁLISE

Entrevista (atividade para casa)

Oriente os estudantes a realizarem uma entrevista com os avós, para que possam conhecer um pouco mais a respeito da história pessoal e familiar deles. Ofereça uma lista de perguntas que possam ser realizadas e converse sobre a importância de exercitar a escuta ativa, isto é, a escuta atenta e paciente do relato de uma pessoa. Comente que é uma oportunidade de acolher os saberes partilhados pelos mais velhos. Informe ser importante contarem com a ajuda de familiares durante a entrevista, para registrarem as respostas.

Sugestões de perguntas para a entrevista:

- Onde vocês nasceram?
- Como era a casa de vocês?
- O que gostavam de fazer quando crianças?
- Como vocês se conheceram?
- Como foi o casamento de vocês?
- Vocês têm alguma religião?
- O que acham que eu deveria aprender com vocês?

IMPORTANTE

Aos estudantes que não podem contar com os avós para entrevistar, sugere-se pedir que entrevistem um casal idoso da família ou próximo a ela.

APROPRIAÇÃO E RESSIGNIFICAÇÃO

Com o resultado da entrevista, oriente os estudantes para a confecção de uma amostra dos resultados. Disponibilize um rolo de papel kraft e o estenda no chão. Ofereça tinta guache e pincéis. Peça que os estudantes desenhem algo que aprenderam sobre os seus avós – pode ser o casamento deles, a casa onde cresceram, o que gostavam de fazer quando jovens etc.

> **IMPORTANTE**
>
> Providencie, para esta atividade artística, recursos que evitem sujar a sala ou as roupas.

A atividade consiste na criação de um painel que se compõe de momentos marcantes narrados pelos avós dos estudantes. A atividade tem como propósitos:

- compreender os diferentes saberes que tecem a vida;
- refletir sobre as vivências ocorridas no percurso da vida e as redes de significados para os fatos associados a sentimentos, lembranças e saberes que envolvem o fato escolhido;
- identificar sobre o que tratam as imagens dos estudantes que compõem o painel: alegrias; dificuldades enfrentadas; festividades religiosas ou não; ensinamentos e outros;
- relacionar lembranças à construção da história familiar e fazer memória de fatos vividos, celebrados.

Explore o resultado do painel identificando com os estudantes se há acontecimentos religiosos marcando as lembranças ilustradas. Aponte semelhanças e diferenças entre os acontecimentos selecionados por eles.

Comente que a cada acontecimento vivido no decorrer da nossa existência torna-se uma memória a ser relembrada, assim como as experiências vividas tornam-se aprendizados. Pode-se remeter à compreensão sobre as histórias das tradições religiosas que, ao serem contadas pelas lideranças religiosas, tornam-se saberes para os seus seguidores.

ATIVIDADE AVALIATIVA

A avaliação é processual e contínua. Assim, configura-se uma modalidade formativa que permite acompanhar o processo de ensino-aprendizagem e ajustar o trabalho pedagógico de modo a rever estratégias, sempre que necessário, para atender aos objetivos propostos e ao desenvolvimento dos estudantes.

No decorrer do estudo, é importante observar o envolvimento e a interpretação dos estudantes em seus diálogos; durante a criação do painel de momentos marcantes que ouviram dos avós; ao refletirem sobre o registro cultural e religioso; ao exercitarem a escuta; ao expressarem emoções na ausência de palavras (movimentos corporais e faciais); e ao relacionarem o momento escolhido para ilustrar com sentimentos, lembranças e saberes próprios de cada um.

Alimentos sagrados

Sandson Almeida Rotterdan[21]

Nunca é demais partir da distinção que Mircea Eliade, cientista das religiões, faz em sua obra *O sagrado e o profano*. O profano está na ordem do dia a dia, do que se faz cotidianamente em busca da sobrevivência. O sagrado é de outra esfera. Na introdução da obra, o autor já afirma que lhe interessa "apresentar as dimensões específicas da experiência religiosa, salientar suas diferenças com a experiência profana do mundo"[22]. Esse intento se aproxima do nosso ao falar de alimentos e seus usos religiosos. No entanto, cabe salientar que talvez a fronteira entre sagrado e profano não seja impenetrável quando falamos em alimentos e alimentação. Os alimentos são, concomitantemente, oferecidos aos deuses e consumidos pelos seres humanos. Não são poucas as ocasiões sociais que as pessoas se reúnem com algum motivo religioso para comer: seja em um momento que uma pessoa do grupo é iniciada em uma tradição religiosa, seja em momentos de refeições religiosas propriamente ditas.

No contexto das religiões, conforme observa Patrícia Rodrigues de Souza[23], as práticas alimentares nas religiões passam por jejum, dietas regulares, interdições, banquetes, oferendas e sacrifícios de animais, um

21 Educador, filósofo, teólogo e cientista da religião. Graduado em Filosofia e Teologia, mestre e doutorando em Ciências da Religião pela Pontifícia Universidade Católica de Minas Gerais (PUC Minas). É editor e cofundador da Revista e Editora Senso; diretor de Evangelização, Pastoral e Identidade Católica na Gaudium Educação; e articulador de juventudes, pesquisa, extensão e tecnologias sociais no Instituto Gaudium. Educador há mais de dez anos na rede particular de Belo Horizonte.

22 ELIADE, M. *O sagrado e o profano*. São Paulo: Martins Fontes, 2001, p. 23.

23 SOUZA, P. R. de. *Religião e comida*: como as práticas alimentares no contexto religioso auxiliam na construção do homem, 2014. Dissertação (Mestrado em Ciências da Religião) – Departamento de Teologia e Ciências da Religião, Pontifícia Universidade Católica de São Paulo, São Paulo, 2014.

regramento da produção de alimentos. A alimentação como fenômeno humano, então, não está dissociada do aspecto religioso, de modo que, nas religiões, há desde uma regulação do uso dos alimentos até a atribuição de significado a eles em seu uso litúrgico ou ritual.

Em cada tradição religiosa, a partir de seus diversos contextos, esses alimentos adquirem sentidos próprios, capazes de aproximar ou distanciar os seres humanos dos deuses, das divindades, nos quais creem. Isso porque, como afirma Greschat[24], as religiões são totalidades, e cada uma tem a sua especificidade. Cada uma delas comporta uma comunidade, um sistema de atos, um conjunto de doutrinas e de sedimentação de experiências. Desse modo, há uma materialidade na religião e nas práticas religiosas que deve ser o ponto desde que são estudadas na perspectiva das Ciências da Religião. Dessa forma, ao falar de alimentos e seus usos religiosos, não nos interessa fazer qualquer tipo de proselitismo ou defesa doutrinal: cabe-nos entender os usos que as religiões fazem dos alimentos, a sua diversidade de significados, e incentivar os estudantes a respeitarem a diversidade religiosa e a liberdade de crença e consciência.

Dessa forma, quando olhamos para o território brasileiro, podemos identificar que muito de nossa prática alimentar – fora do espaço sagrado – se relaciona com contextos religiosos. A título de exemplo, a feijoada, um dos pratos mais populares e conhecidos internacionalmente como uma das marcas da brasilidade, está intimamente ligada ao candomblé, visto que é um dos alimentos oferecidos ao Orixá Ogum; o acarajé, popular sobretudo na Bahia, está ligado ao culto a Iansã. Há alimentos que, de modo geral, são consumidos por ocasião de festas religiosas cristãs, como o consumo de peixes por ocasião da Quaresma e da Sexta-Feira da Paixão, ou o consumo de doces por ocasião da Páscoa.

24 GRESCHAT, H-J. *O que é Ciência da Religião?* Trad. Frank Usarski. São Paulo: Paulinas, 2005.

Fato é que as refeições, religiosas e não religiosas, têm a possibilidade de aproximar as pessoas, criar identidade, pertença.

> [...] uma função geral das práticas alimentares [é] a *partilha* [e, no contexto das religiões], seja sob forma de oferendas, sacrifícios, banquetes ou caridade, o homem aprende, pelo menos conceitualmente, a questão de dividir seus bens materiais com outrem. Ainda que seja uma troca com entidades sobrenaturais, visando vantagens, ele aprende que deve dar para receber.
> A comensalidade talvez seja a mais importante função das práticas alimentares em termos sociais. O "comer junto" incentivado pela maioria das religiões reforça a coesão entre os membros do grupo, tornando-o mais cooperativo e, consequentemente, mais forte em relação aos grupos menos coesos[25].

Dessa maneira, o estudo sobre o uso religioso dos alimentos tem um potencial de educar para uma cidadania que possibilita olhar aqueles que não conseguem acessar com dignidade o que é necessário para a sobrevivência e se comprometer com eles, ao mesmo tempo que educa para a percepção da diferença e da diversidade religiosa presentes no Brasil.

Nesse contexto é que as habilidades propostas pela Base Nacional Comum Curricular (BNCC) possibilitam ao estudante a identificação de alimentos sagrados presentes em diversas culturas, e aqui privilegiamos o trabalho com as culturas que constituem de maneira mais originária o Brasil, identificando os significados desses alimentos dentro dessas culturas.

---

25 SOUZA, P. R. de. *Religião e comida*: como as práticas alimentares no contexto religioso auxiliam na construção do homem, 2014. Dissertação (Mestrado em Ciências da Religião) – Departamento de Teologia e Ciências da Religião, Pontifícia Universidade Católica de São Paulo, São Paulo, 2014, p. 163, grifos nossos.

Alguns recursos podem ajudar no desenvolvimento das atividades propostas:

REFERÊNCIAS

ARTUR, M. Milho é alimento de resistência e sacralidade nas culturas afro-indígenas do país. *Jornal da USP*, 2022. Disponível em: https://jornal.usp.br/ciencias/milho-e-alimento-de-resistencia-e-sacralidade-nas-culturas-afro-indigenas-do-pais/. Acesso em: 5 maio 2023.

LUÍZA, M. Você conhece o acarajé? *Fundação Palmares*, 2016. Disponível em: https://www.palmares.gov.br/?p=43698#:~:text=A%20palavra%20acaraj%C3%A9%20se%20origina,Xang%C3%B4%20com%20sua%20esposa%20Ians%C3%A3. Acesso em: 18 fev. 2023.

SÉRIE Orixás – Olubajé #1 – Ilê Asé Tumbi Ode Oji. 1 vídeo (36 min.), 2021. Publicado pelo canal Vida de Axé. Disponível em: https://www.youtube.com/watch?v=T3kXAqZpkyg. Acesso em: 18 fev. 2023.

ROTEIRO 01

Título/tema	Os alimentos fazem parte de nossas vidas
Unidade temática	Manifestações religiosas
Objeto de conhecimento	Alimentos sagrados
Habilidade(s)	(EF02ER06) Exemplificar alimentos considerados sagrados por diferentes culturas, tradições e expressões religiosas.
Previsão de horas/aula(s)	Três horas/aulas
Recursos	· Equipamento para projeção audiovisual com acesso à internet. · Documentário "Five: cinco crianças, cinco religiões, cinco minutos" (disponível na internet). · Caderno dos estudantes para anotações. · Caderno ou folha com as tabelas da dieta alimentar.

OBSERVAÇÃO

Atividade mobilizadora

Inicie a aula perguntando aos estudantes sobre a sua dieta alimentar: o que costumam comer nas refeições ao longo do dia? Ajude-os a perceberem o que há de comum entre as suas dietas e as dietas dos colegas. Pergunte se há alimentos que são consumidos em momentos especiais. Que alimentos são consumidos em quais momentos especiais? Quais sentimentos nascem nos estudantes ao saciarem a fome? Quais os sentimentos quando comem um alimento especial em um momento especial?

Aqui se pode desenvolver também habilidades de oralidade de Língua Portuguesa propostas na BNCC[26], por exemplo:

- **(EF15LP09)** Expressar-se em situações de intercâmbio oral com clareza, preocupando-se em ser compreendido pelo interlocutor e usando a palavra com tom de voz audível, boa articulação e ritmo adequado.
- **(EF15LP10)** Escutar, com atenção, falas de professores e colegas, formulando perguntas pertinentes ao tema e solicitando esclarecimentos sempre que necessário.

Faça um fechamento da atividade mobilizadora demonstrando aos estudantes a diversidade de dietas alimentares na turma – o que há de comum e quais alimentos são mais consumidos em momentos especiais da vida.

Nessa fase do desenvolvimento infantil, é importante ajudar os estudantes a entenderem de onde vêm as coisas, como elas funcionam.

26 BRASIL. Ministério da Educação. *Base Nacional Comum Curricular (BNCC)*: educação é a base. Brasília: CNE/CEB, 2018, p. 95, grifos do autor.

Dessa maneira, é necessário ajudá-los a fazer as conexões com relação à culturalidade dos alimentos e às significações que eles podem ter nas diversas culturas.

VÍDEO

FIVE – Cinco crianças, cinco religiões, (quase) cinco minutos. 1 vídeo (5 min.), 2015.

Atividade de sensibilização

Utilize o documentário "Five: cinco crianças, cinco religiões, cinco minutos", produzido por The Mercadantes, para exemplificar aos estudantes as diferentes rotinas de crianças em partes diversas do mundo.

Dialogue com os estudantes sobre o que as crianças de diversas partes do mundo, personagens do vídeo, fazem nos diferentes momentos do dia e quais alimentos aparecem no contexto da vida e da religião delas. Ajude-os a perceberem as diferentes formas com as quais as famílias se alimentam. Sensibilize para a importância do respeito às diferenças entre as pessoas. Contextualize o aspecto cultural e geográfico dos alimentos e das tradições religiosas.

Peça aos estudantes que registrem no caderno o que mais lhes chamou atenção com relação à alimentação e à tradição religiosa que viram no vídeo. Proponha uma plenária para que apresentem as suas diferentes percepções do que foi observado.

IDENTIFICAÇÃO E ANÁLISE

Atividade de sistematização

Peça aos estudantes que construam duas tabelas para sistematizar as suas observações com relação às suas dietas alimentares e às de suas famílias. Na primeira tabela, os alimentos do dia a dia; na segunda, os alimentos para momentos especiais da vida.

Dieta do cotidiano	
Momento do dia	**Alimentos**
Café da manhã	
Lanche da manhã	
Almoço	
Lanche da tarde	
Jantar	

Dieta de dias especiais	
Dias/momentos especiais	**Alimentos**

Ressalte a relação que os alimentos podem ter com datas especiais. Essas datas e momentos especiais costumam marcar a caminhada da vida, o desenvolvimento do ser humano. Nesse processo, segundo Mircea Eliade, há uma relação com a temporalidade sagrada, ou seja, há momentos especiais na vida, que têm um significado diferente desses dias na vida das pessoas. Partindo dessa compreensão, sugere-se explorar as tabelas de dietas preenchidas pelos estudantes identificando o que é próprio do cotidiano e de suas datas especiais. Ajude-os também a observarem as semelhanças e as diferenças entre os colegas, assim como fizeram após assistirem ao vídeo. Evidencie se tiverem datas especiais religiosas entre as respostas dos alunos.

Explore com os estudantes os momentos em que as pessoas se reúnem e o alimento se torna um elemento que contribui à unidade entre elas, como em aniversários e celebrações religiosas. Mencione o significado de realizar refeições junto às pessoas e a diversidade de alimentos próprios de cada região, cultura e tradição religiosa.

Converse com os estudantes se nos dias ou momentos especiais, nos quais há refeições, consomem alimentos associados a alguma comemoração religiosa, como Natal, Páscoa ou Ramadã. Explore quais são os alimentos servidos nesses momentos por orientação ou não das tradições religiosas. Apresente aos estudantes alguns desses alimentos e ajude-os a reconhecerem em suas vidas, nas próprias tabelas das dietas do cotidiano ou de dias especiais, quais alimentos fazem parte dos hábitos relacionados a orientações religiosas ou utilizados em alguma celebração religiosa.

APROPRIAÇÃO E RESSIGNIFICAÇÃO

A atividade proposta é interdisciplinar, devendo ser desenvolvida processualmente e construída com os componentes curriculares de Geografia e Língua Portuguesa, com base nas habilidades propostas na BNCC[27]:

- **(EF02GE04)** Reconhecer semelhanças e diferenças nos hábitos, nas relações com a natureza e no modo de viver de pessoas em diferentes lugares.
- **(EF01LP17)** Planejar e produzir, em colaboração com os colegas e com a ajuda do professor, listas, agendas, calendários, avisos, convites, receitas, instruções de montagem e legendas para álbuns, fotos ou ilustrações (digitais ou impressos), dentre outros gêneros do campo da vida cotidiana, considerando a situação comunicativa e o tema/assunto/finalidade do texto.

27 BRASIL. Ministério da Educação. *Base Nacional Comum Curricular (BNCC)*: educação é a base. Brasília: CNE/CEB, 2018, p. 376, grifos do autor.

A proposta é criar um livro de receitas familiares para momentos festivos, destacando os pratos e os alimentos que são consumidos em festas ou datas religiosas celebradas pela família dos estudantes, ou por alguém que conheçam. Pode-se pedir aos estudantes que comentem sobre as festas ou as datas religiosas das quais já participaram, sempre destacando os alimentos envolvidos.

Na atividade, pode-se dividir o livro de receitas em duas partes: uma para as comemorações não religiosas e outra para as comemorações religiosas. No caso da segunda parte, é importante observar se há algum estudante que não tenha pertença religiosa para orientar que faça a sua produção com a ajuda de alguém que tenha e seja de sua convivência.

Para essa produção, peça aos estudantes que conversem com familiares sobre as datas importantes que comemoram juntos. Oriente-os a escolherem um alimento que seja importante para o contexto familiar e outro associado a comemorações religiosas das quais participam. Peça que os estudantes levem as receitas escritas e um pequeno relato sobre por que são alimentos importantes nas comemorações de sua família, em quais ocasiões são preparados e quem costuma prepará-los.

Após a realização da atividade, dialogue com os estudantes sobre como foi realizada a atividade. Estimule que compartilhem a experiência, que apresentem as receitas, que contem sobre quem prepara os alimentos e por que eles são importantes no contexto familiar. Destaque a ideia da diversidade de costumes, alimentos e datas importantes no contexto das famílias da turma.

DICA

O livro não precisa, necessariamente, ser uma construção física. Há a possibilidade de produzi-lo em formato *e-book*, usando recursos digitais, como Canva, de modo a explorar as habilidades de construção digital dos estudantes.

Explore a importância dos alimentos nas diferentes culturas e a necessidade de saber expressar respeito por essas diferenças porque há significados próprios para cada pessoa ou grupo religioso. Nesse momento, é significativo destacar que o alimento é tratado nas diversas tradições religiosas como sagrado, especialmente por ser responsável pela manutenção da vida de todos os seres. Pode-se, inclusive, explorar questões sobre o cuidado com o desperdício.

SUGESTÃO

O livro de receitas, se a versão for física, pode ser enviado a cada dia para a casa de um estudante, de modo que a sua família possa conhecê-lo. Se a versão publicada for digital, pode-se realizar a sua distribuição *on-line* e divulgá-lo nas redes sociais da escola.

ATIVIDADE AVALIATIVA

Oriente os estudantes a construírem, no caderno, um esquema do conteúdo da aula: escrever o tema/assunto da aula, o conceito trabalhado, as atividades desenvolvidas, as pesquisas com as famílias, enfim, os principais aspectos desse processo de ensino-aprendizagem.

Após a atividade de sistematização dos dados de desenvolvimento do estudo, peça aos estudantes que sintetizem as suas aprendizagens. Oriente-os a destacarem os alimentos que mais lhe chamaram atenção, associando-os a culturas familiares ou a alguma tradição religiosa abordada em sala de aula. Acompanhe a produção para ajudá-los a corrigir equívocos ou ausência de entendimento.

ROTEIRO 02

Título/tema	Os alimentos são diferentes nas culturas e nas religiões
Unidade temática	Manifestações religiosas
Objeto de conhecimento	Alimentos sagrados
Habilidade(s)	(EF02ER06) Exemplificar alimentos considerados sagrados por diferentes culturas, tradições e expressões religiosas.
Previsão de horas/aula(s)	Três horas/aulas
Recursos	· Equipamento para reprodução audiovisual com acesso à internet. · Imagens em tamanho grande de alimentos servidos no contexto das tradições religiosas – no verso das imagens, escrever explicações sobre eles. · Música para compor o ambiente durante a atividade. · Imagens de alimentos que são usados nas tradições religiosas, sobretudo as mais representativas na cultura brasileira (cristianismo, afro-brasileiras e indígenas), receitas e explicações breves sobre o sentido que os alimentos têm para essas tradições. · Folha para cada estudante com modelo de formulário para preencher com um alimento, a tradição religiosa que o utiliza, a receita de seu preparo, o seu significado e um desenho ilustrativo. · Recursos para desenho: lápis de cor, canetinhas e giz de cera. · Uma folha de papel A4 para cada estudante utilizar na avaliação.

OBSERVAÇÃO

Atividade mobilizadora 1

Prepare imagens em tamanho grande de alimentos servidos no contexto das tradições religiosas. Organize a sala formando um caminho com as imagens, de modo que os estudantes circulem entre elas e as observem. Para esse momento, pode-se colocar uma música ambiente.

No verso das imagens, escreva informações sobre cada alimento, tais como: em qual tradição religiosa é usado; em qual contexto; como é preparado; qual a cultura e a região geográfica em que se situa a tradição religiosa que faz uso desse alimento em suas celebrações; quais as orientações da tradição religiosa aos seus seguidores sobre ingerir ou não esse alimento; dentre outras.

Oriente os estudantes a caminharem entre as imagens e observarem atentamente os seus detalhes. Peça que observem quais são os alimentos ali representados, como são servidos, quais são as suas cores, dentre outros aspectos que as imagens selecionadas possibilitarem observar.

Sugere-se realizar, nessa proposta, a interdisciplinaridade com as habilidades do componente curricular Língua Portuguesa, propostas na BNCC[28]:

- **(EF15LP09)** Expressar-se em situações de intercâmbio oral com clareza, preocupando-se em ser compreendido pelo interlocutor e usando a palavra com tom de voz audível, boa articulação e ritmo adequado.
- **(EF15LP10)** Escutar, com atenção, falas de professores e colegas, formulando perguntas pertinentes ao tema e solicitando esclarecimentos sempre que necessário.

28 BRASIL. Ministério da Educação. *Base Nacional Comum Curricular (BNCC)*: educação é a base. Brasília: CNE/CNB, 2018, p. 95, grifos do autor.

IDENTIFICAÇÃO E ANÁLISE

Atividade mobilizadora 2

Inicie a reflexão a partir da avaliação do estudo anterior, resgatando informações e atividades realizadas sobre os alimentos no contexto familiar e religioso.

Organize os estudantes em círculo e, no meio, espalhe as imagens dos alimentos que eles observaram na atividade anterior.

Motive-os a comentarem sobre: quais alimentos vistos nas imagens já provaram; se gostam deles ou não; o que sabem dos alimentos; qual imagem lhes chamou mais atenção e por quê. À medida que os estudantes se manifestarem, peça que peguem a imagem e leiam para os colegas as informações no verso. Conversem sobre essas informações, levantando o que já sabiam e o que estão aprendendo agora.

Fixe as imagens em um mural, para que os estudantes percebam a diversidade das tradições religiosas expressas nas opções alimentares. Na seleção de alimentos e tradições religiosas às quais representam, privilegie as que sejam mais próximas aos estudantes. Dessa forma, trabalhe, interdisciplinarmente, com o componente de Geografia, a partir da habilidade proposta na BNCC[29]:

- **(EF02GE02)** Comparar costumes e tradições de diferentes populações inseridas no bairro ou na comunidade em que vive, reconhecendo a importância do respeito às diferenças.

29 BRASIL. Ministério da Educação. *Base Nacional Comum Curricular (BNCC)*: educação é a base. Brasília: CNE/CNB, 2018, p. 373, grifos do autor.

APROPRIAÇÃO E RESSIGNIFICAÇÃO

Após a partilha, em um breve momento expositivo, apropriando-se do texto de embasamento teórico, trabalhe com os estudantes os seguintes pontos:

- Os alimentos são necessários para a manutenção da vida humana.
- Uma alimentação equilibrada é importante para a nossa saúde.
- Em regiões e culturas distintas, os hábitos alimentares são diferentes.
- Existem várias religiões no mundo, e nelas o alimento é considerado sagrado.

Atividade de pesquisa

Proponha aos estudantes uma atividade de pesquisa. Disponibilize materiais para eles utilizarem como fontes de dados, com alimentos que são usados nas tradições religiosas, sobretudo as mais representativas na cultura brasileira (cristianismo, afro-brasileiras e indígenas). Inclua entre os materiais as receitas e o sentido que os alimentos têm para essas tradições.

Distribua uma folha para cada estudante com modelo de formulário, para que registrem a pesquisa, e recursos para desenho (lápis de cor, canetinhas e giz de cera). O estudante deve preencher esse formulário com o alimento, a tradição religiosa que o utiliza, a receita de seu preparo, o seu significado e um desenho que o ilustre.

DICA

Sugere-se propor aos estudantes que esse material componha o livro proposto em roteiro anterior, separando as receitas por tradições religiosas e escrevendo o significado delas em cada tradição. Elabore a capa e a contracapa. Seria interessante organizar um pequeno evento de lançamento dos livros de receitas dos estudantes. Eventualmente, pode haver a participação das famílias. Peça que os estudantes apresentem o trabalho, descrevendo como foi e o que aprenderam nesse processo de construção, explicando a importância e o uso dos alimentos nas tradições religiosas.

Após a atividade, oriente a exposição dos trabalhos e a partilha de cada estudante. Ajude-os, mais uma vez, a perceberem e respeitarem as diferenças entre as tradições religiosas.

ATIVIDADE AVALIATIVA

Distribua folhas de papel A4 e oriente os estudantes a escreverem três frases sobre os alimentos, destacando o seu uso cultural e em diferentes tradições religiosas, para compor um *outdoor* sobre "o alimento e as tradições religiosas".

Promova uma partilha dos estudantes e avalie, nas frases produzidas e em sua explicação, a interpretação dos conhecimentos desenvolvidos.

ROTEIRO 03

Título/tema	**Os alimentos sagrados têm significados nas religiões**
Unidade temática	Manifestações religiosas
Objeto de conhecimento	Alimentos sagrados
Habilidade(s)	(EF02ER07) Identificar significados atribuídos a alimentos em diferentes manifestações e tradições religiosas.
Previsão de horas/aula(s)	Três horas/aulas
Recursos	· Equipamento para projeção audiovisual. · Imagens de alimentos sendo utilizados em contextos religiosos – podem ser apresentadas com projeção em equipamento audiovisual ou outra alternativa, como ambientar a sala com um varal didático de imagens impressas. · Lápis de cor. · Pequenos cartões com ilustrações dos alimentos para que possam colorir (*flashcards*) – aproximadamente três para cada estudante.

OBSERVAÇÃO

Atividade mobilizadora

Selecione imagens de alimentos sendo utilizados em contextos religiosos e exiba para os estudantes. Peça que prestem atenção nos detalhes. Dê tempo para que observem. Isso pode ser realizado com projeção em equipamento audiovisual ou outra alternativa, como ambientar a sala com um varal didático de imagens impressas dos alimentos: acarajé, caruru, pão, vinho, azeite de oliva, azeite de dendê, pipoca, feijoada, ovo de Páscoa, milho, mandioca etc.

Faça um momento de partilha: quais alimentos os estudantes conhecem e experimentaram? Pergunte se sabiam que esses alimentos tinham algum significado para as tradições religiosas.

IDENTIFICAÇÃO E ANÁLISE

Inicie com um pequeno momento expositivo. Explique aos estudantes que, ao longo da história, os seres humanos atribuíam aos deuses o sucesso das colheitas, da caça, enfim, daquilo que é necessário para a subsistência. Enfatize que o significado dos alimentos nas culturas advém dessa crença, que é comum em diversas tradições religiosas. Em cada religião, em cada cultura, os alimentos têm significados diferentes.

Explore o significado das imagens apresentadas relacionando-as às suas respectivas tradições religiosas, destacando o nome dos alimentos e os seus significados, assim como quando são utilizados.

Mencione o ato de rezar/orar que algumas tradições religiosas orientam seus seguidores a realizarem antes e/ou depois das refeições, motivando-os a dizerem se já viram isso acontecer. Cite exemplos para ilustrar a relação entre a oração e o alimento, considerado sagrado pelas tradições religiosas.

Construção de *flashcards*

Distribua para os estudantes pequenos cartões com ilustrações dos alimentos, para que possam colorir (ofereça lápis de cor). Faça uma atividade dirigida: oriente-os a escolherem um determinado cartão, depois peça que, no verso do cartão escolhido, escrevam o nome do alimento, o nome da tradição religiosa que o usa e o significado dele para essa tradição, considerando o que ouviram do professor. Sempre que necessário, ajude-os na produção do texto com informações durante o desenvolvimento da atividade.

APROPRIAÇÃO E RESSIGNIFICAÇÃO

Jogo com *flashcards*

Divida os estudantes em duplas ou grupos para jogar com os *flashcards*. Oriente as duplas ou os grupos para colocarem os *cards* com a ilustração do alimento sagrado para cima, de modo que fiquem invisíveis as informações escritas na atividade anterior. Em seguida, um estudante escolhe uma carta e a outra pessoa da dupla ou grupo diz qual alimento é aquele, a qual religião pertence e o seu significado. Confere-se a resposta e, se estiver correta, a carta é retirada do jogo.

Delimite um tempo para a realização da atividade.

Solicite aos estudantes que sintetizem as aprendizagens do estudo. Para isso, peça que respondam à seguinte pergunta: o que aprendi na aula de hoje sobre o significado dos alimentos sagrados?

ATIVIDADE AVALIATIVA

Oriente os estudantes a produzirem um acróstico com a frase ALIMENTOS SAGRADOS, resumindo nele o conhecimento do estudo.

Práticas celebrativas

Renato Daniel Araújo de Faria[30]

Toda celebração é uma espécie de momento para recordar, festejar e/ou homenagear alguém ou alguma data importante para determinado grupo cultural. No caso das práticas celebrativas de cunho religioso, são momentos solenes que relembram datas e/ou pessoas significativas para a tradição. Nesse sentido, é muito importante conhecer e respeitar as celebrações e as práticas de todas as confissões religiosas, pois elas são uma forma de materialização e expressão das crenças.

Assim, podemos afirmar que o fenômeno religioso, nesse contexto, não pode ser tratado como um assunto privado, pois essas manifestações assumem uma dimensão pública que não se deve ignorar. Dessa forma, compreendemos que as práticas celebrativas são fenômenos sociais envolvendo a construção de coletividades com maior ou menor interação direta entre fiéis, rituais e celebrações públicas. Essa característica nos possibilita a percepção da pluralidade religiosa (quando manifestações de uma única religião acontecem) ou de manifestações do pluralismo religioso (quando eventos ecumênicos ou inter-religiosos acontecem). Práticas celebrativas são, então, momentos organizados pelos diferentes grupos religiosos para a ritualização de um acontecimento primordial, confraternização, rememoração dos símbolos, períodos ou datas importantes.

30 Doutorando em Educação pela Pontifícia Universidade Católica de Minas Gerais (PUC Minas), mestre em Filosofia: Ética e Filosofia da Religião pela Faculdade Jesuíta de Filosofia e Teologia (Faje-MG), especialista em Ensino Religioso, Gestão Pedagógica, Escola em Pastoral e Ciências Políticas pela Pontifícia Universidade Católica do Paraná (PUCPR) e licenciado em Filosofia (PUC Minas). É pesquisador do Grupo Ética e Educação (PUC Minas); professor de Ciências Humanas, atuando na Educação Básica e no Ensino Superior; e colunista do Portal Uai, Diários Associados – Estado de Minas.

Um detalhe muito importante é o elemento cultural que permeia esse imaginário religioso. Nesse contexto, o Instituto do Patrimônio Histórico e Artístico Nacional (Iphan), juntamente com outras instituições, realizou o inventário de quarenta bens culturais e imateriais. Nesse inventário há algumas celebrações religiosas nacionais registradas, que fazem parte da cultura de alguns estados brasileiros, como: o Círio de Nossa Senhora de Nazaré, no Pará; a Festa de Santa Bárbara, na Bahia; a Festa do Divino Maranhense, no Rio de Janeiro; e as festas religiosas de Ouro Preto, em Minas Gerais.

Márcia Sant'Anna, diretora do Departamento do Patrimônio Imaterial do Iphan, destaca a importância de o Estado reconhecer as celebrações religiosas como patrimônios culturais:

> Pode-se afirmar, sem medo de errar, que toda cidade no Brasil celebra, pelo menos, seu santo padroeiro. Misturando as crenças, devoções e formas religiosas trazidas pelos portugueses e pelos escravos africanos com as dos indígenas nativos, as celebrações religiosas fazem parte do processo histórico de formação do Brasil.
> [...] as celebrações religiosas articulam outros elementos e manifestações culturais como expressões artísticas visuais (bandeiras, altares, andores, flores, máscaras, arraiais), culinária, cantos, danças, encenações – tudo relacionado ao universo simbólico da riqueza e da dinâmica cultural brasileira.[31]

Pensar a respeito das práticas celebrativas, portanto, é fazer um mergulho profundo pelo Brasil, pois revela nossos modos, particulares ou comuns, de perfazer espaços de afirmação de pertencimento, de formação e reprodução social.

31 SANT'ANNA, M. *apud* MENEZES, S. Retratos – Festas religiosas. *Revista Ipea (Instituto de Pesquisa Econômica Aplicada)*, Brasília, ano 7, 56. ed., dez. 2009. Disponível em: https://www.ipea.gov.br/desafios/index.php?option=com_content&id=2302:catid=28&Itemid=23. Acesso em: 22 jan. 2023.

Alguns recursos podem auxiliar o desenvolvimento das atividades propostas:

REFERÊNCIAS

CELEBRAÇÕES religiosas estimulam o turismo em Ouro Preto (MG). 1 vídeo (2 min.), 2022. Publicado pelo canal TV Brasil. Disponível em: https://www.youtube.com/watch?v=hcsx9mcQUvE. Acesso em: 23 jan. 2023.

ELIADE, M. *O sagrado e o profano*. São Paulo: Martins Fontes, 1992.

GAARDER, J.; HELLERN, V.; NOTAKER, H. Trad. Isa Mara Lando. *O livro das religiões*. São Paulo: Companhia das Letras, 2005.

GIL FILHO, S. F.; ALVES, L. A. S. O sagrado como foco do fenômeno religioso. *In*: JUNQUEIRA, S. R. A.; OLIVEIRA, L. B. de (org.). *Ensino religioso*: memórias e perspectivas. Curitiba: Champagnat, 2005.

NEVES, D. Dia de São Cosme e Damião. *Brasil Escola*, [c2023]. Disponível em: https://brasilescola.uol.com.br/religiao/dia-de-sao-cosme-e-damiao.htm. Acesso em: 23 jan. 2023.

ROTEIRO 01

Título/tema	As celebrações do meu dia a dia
Unidade temática	Manifestações religiosas
Objeto de conhecimento	Práticas celebrativas
Habilidade(s)	(EF03ER04) Caracterizar as práticas celebrativas como parte integrante do conjunto das manifestações religiosas de diferentes culturas e sociedades.
Previsão de horas/aula(s)	Três horas/aulas
Recurso	· Equipamento para projeção audiovisual com acesso à internet. · Dicionário ou outros recursos para os estudantes pesquisarem a palavra "celebração". · Imagens de diversos momentos de "celebração" na vida de uma pessoa (religiosos e não religiosos). · Imagens ou vídeos de práticas celebrativas religiosas presentes em nossa cultural nacional, na sociedade local e na dinâmica da escola. · Imagens ou vídeos de práticas celebrativas da cultura indígena, de alguma tradição religiosa de matriz africana e de alguma religião de matriz oriental. Essas práticas podem ser apresentadas por meio de um mural descritivo e ilustrado, com vídeos e outros recursos. · Folha de papel A4 para cada estudante com atividade de apoio para sintetizar a aprendizagem. · Papel kraft e materiais para a elaboração de um mural em sala de aula. · Calendário com datas que serão celebradas pela turma ao longo do ano e seus respectivos significados (para incluir no mural).

OBSERVAÇÕES

Atividade mobilizadora 1

Comece a aula perguntando aos estudantes qual foi a última celebração que aconteceu em sua família. É importante auxiliar para que os estudantes identifiquem os momentos de celebração e os relacionem aos sentimentos envolvidos nessa prática, a partir do ambiente familiar. Nessa fase do desenvolvimento infantil, é fundamental que o estudante comece identificando as práticas do cotidiano para que compreenda, em extensão, a diversidade de práticas celebrativas que o circunda. Nessa fase, também é importante ressaltar a dinâmica dos sentimentos associados aos valores culturais.

Oriente os estudantes a descreverem, no caderno, as práticas celebrativas mais importantes realizadas no ambiente familiar.

Atividade mobilizadora 2

Sensibilize os estudantes para a importância das práticas celebrativas por meio de recurso audiovisual. Para isso, pode-se fazer uma seleção de imagens para mostrar aos estudantes diversos momentos de "celebração" na vida de uma pessoa. Aqui, a diversidade de imagens e motivações para a celebração deve ser explorada.

Apresente uma diversidade de imagens de pessoas em atos celebrativos, tais como: a comemoração de títulos de times de futebol; datas cívicas; comemorações ligadas a personagens históricos; funerais de pessoas mundialmente conhecidas (Papa Bento XVI, Rainha Elizabeth II, dentre outras); e festividades que possam estar associadas a fatos da realidade dos estudantes. Selecione, em especial, imagens de práticas celebrativas ligadas às tradições religiosas e discuta com os estudantes as principais diferenças e semelhanças entre todas as imagens.

IDENTIFICAÇÃO E ANÁLISE

Oriente os estudantes a pesquisarem o significado da palavra "celebração", bem como a origem do termo. Nesta atividade, é possível utilizar o dicionário e registrar no caderno o resultado da pesquisa.

Após esta atividade, ajude-os a correlacionarem o significado da palavra "celebração" ao que descreveram no caderno sobre as práticas celebrativas familiares.

Em um segundo momento, oriente-os a fazerem um levantamento das celebrações religiosas que são realizadas no ambiente em que vivem. Sugere-se usar perguntas norteadoras, tais como:

- Sua família possui o costume de celebrar alguma data religiosa? Qual? Como celebram? Há alguma festa?
- Sua família ou alguém que conheça participa de alguma manifestação religiosa? Qual? O que as pessoas fazem nessa manifestação?

Construa, junto aos estudantes, um registro conceitual a respeito dos termos "celebração", "manifestação religiosa" e "práticas celebrativas".

É importante apresentar ao estudante que as celebrações religiosas acontecem em templos ou espaços/lugares considerados sagrados pelas tradições religiosas, recordando fatos e momentos expressivos que contribuem para que seus seguidores cultivem a fé.

Já as práticas religiosas podem ser realizadas nos templos ou em outros espaços; coletivamente, com um pequeno grupo, ou individualmente. Cite as novenas como um exemplo do cristianismo católico, explicando que podem ser realizadas nos templos e na dinâmica doméstica, reunindo toda a família ou envolvendo apenas uma pessoa. Outros exemplos que podem colaborar para a interpretação dos estudantes é a leitura do texto sagrado no islamismo, a visita a Meca (peregrinação) e as danças das tradições indígenas.

Destaque que as manifestações religiosas são aquelas associadas às festas religiosas, momentos nos quais são transmitidos crenças e valores próprios de cada tradição. Pode-se explorar os exemplos mencionados no texto de introdução como bens culturais e imateriais.

APROPRIAÇÃO E RESSIGNIFICAÇÃO

Entrevista

Proponha a realização de uma entrevista com uma pessoa da família dos estudantes. A proposta é que os estudantes tragam para a escola a história de um parente a respeito de alguma prática celebrativa religiosa ou manifestação religiosa de que participava e/ou participa.

Ofereça aos estudantes perguntas que possam ser realizadas para obter as informações desejadas.

Esta atividade pode estabelecer interdisciplinaridade com o componente Língua Portuguesa, considerando as habilidades propostas na BNCC[32]:

IMPORTANTE

Na sequência desse roteiro, será proposta a construção de um mural informativo no qual será necessário ilustrar as celebrações e as manifestações religiosas que os estudantes apresentaram na socialização de suas entrevistas. Pode-se selecionar, posteriormente, imagens para representá-las ou, aqui, solicitar aos estudantes que produzam um desenho com essa finalidade.

- **(EF02LP22)** Planejar e produzir, em colaboração com os colegas e com a ajuda do professor, pequenos relatos de experimentos, entrevistas, verbetes de enciclopédia infantil, dentre outros gêneros do campo investigativo, digitais ou impressos, considerando a situação comunicativa e o tema/assunto/finalidade do texto.
- **(EF02LP23)** Planejar e produzir, com certa autonomia, pequenos registros de observação de resultados de pesquisa, coerentes com um tema investigado.

32 BRASIL. Ministério da Educação. *Base Nacional Comum Curricular (BNCC)*: educação é a base. Brasília: CNE/CNB, 2018, p. 109, grifos do autor.

Promova a socialização das entrevistas explorando os resultados. Identifique, nos relatos dos estudantes, quais são as práticas celebrativas e/ou as manifestações religiosas mencionadas, destacando símbolos, cantos, orações, caminhadas, gestos, alimentos, roupas e personalidades das tradições religiosas que possam estar envolvidos.

Resgate, junto aos estudantes, os tipos de práticas celebrativas (de modo geral) manifestadas na sociedade vistas no início deste estudo. Neste momento, pode-se retomar as imagens apresentadas anteriormente e inserir outras mais específicas, associadas às muitas práticas e manifestações religiosas que acontecem na cultura brasileira.

Nesse sentido, é preciso que o estudante identifique as diferenças entre as manifestações ligadas, por exemplo, ao esporte e a datas nacionais, e aquelas que simbolizam práticas religiosas. Para tanto, discorra sobre:

- práticas celebrativas religiosas presentes em nossa cultura nacional, na sociedade local e na dinâmica da escola;
- práticas celebrativas da cultura indígena;
- práticas celebrativas de alguma tradição religiosa de matriz africana;
- práticas celebrativas de alguma religião de matriz oriental.

Essas práticas podem ser apresentadas por meio de um mural descritivo e ilustrado, com vídeos e outros recursos, de tal forma que se favoreça ao estudante compreender as motivações e as razões pelas quais os seguidores das tradições religiosas as realizam.

Proponha uma atividade de síntese organizada em uma folha de apoio, com perguntas discursivas:

a) Cite duas práticas celebrativas religiosas presentes em nossa cultural nacional, na nossa cidade ou na escola.
b) Cite uma prática celebrativa da cultura indígena.
c) Cite uma prática celebrativa de alguma religião de matriz africana.
d) Cite uma prática celebrativa de alguma religião de matriz oriental.

Produção de um mural informativo

Essa atividade possui cunho interdisciplinar, podendo ser elaborada/avaliada de maneira conjunta com os componentes curriculares Matemática, Arte, História e Língua Portuguesa, considerando as seguintes habilidades propostas na BNCC[33]:

- **(EF02MA18)** Indicar a duração de intervalos de tempo entre duas datas, como dias da semana e meses do ano, utilizando calendário, para planejamentos e organização de agenda.
- **(EF02HI06)** Identificar e organizar, temporalmente, fatos da vida cotidiana, usando noções relacionadas ao tempo (antes, durante, ao mesmo tempo e depois).
- **(EF02HI08)** Compilar histórias da família e/ou da comunidade registradas em diferentes fontes.
- **(EF01HI08)** Reconhecer o significado das comemorações e festas escolares, diferenciando-as das datas festivas comemoradas no âmbito familiar ou da comunidade.
- **(EF02LP17)** Identificar e reproduzir, em relatos de experiências pessoais, a sequência dos fatos, utilizando expressões que marquem a passagem do tempo ("antes", "depois", "ontem", "hoje", "amanhã", "outro dia", "antigamente", "há muito tempo" etc.), e o nível de informatividade necessário.
- **(EF15AR25)** Conhecer e valorizar o patrimônio cultural, material e imaterial, de culturas diversas, em especial a brasileira, incluindo-se suas matrizes indígenas, africanas e europeias, de diferentes épocas, favorecendo a construção de vocabulário e repertório relativos às diferentes linguagens artísticas.

---

33 BRASIL. Ministério da Educação. *Base Nacional Comum Curricular (BNCC)*: educação é a base. Brasília: CNE/CEB, 2018, p. 201-409, grifos do autor.

- **(EF15AR01)** Identificar e apreciar formas distintas das artes visuais tradicionais e contemporâneas, cultivando a percepção, o imaginário, a capacidade de simbolizar e o repertório imagético.

Produza um mural informativo com os estudantes para reunir a definição e os sentimentos que envolvem o conceito de celebração. Nele, disponha um calendário com datas que serão celebradas pela turma ao longo do ano e seus respectivos significados.

Sugere-se que o mural seja produzido em papel kraft e que cada item incluído seja utilizado para retomar conceitos aprendidos. O mural pode conter informações que envolvam as três seções propostas a seguir:

a) **Celebrando a vida**: um calendário dos meses do ano com as datas e nomes dos aniversariantes. Enfatize a ideia de celebração da vida, memória e atualidade. É possível combinar uma celebração mensal para comemorar o nascimento dos estudantes da turma. É importante significar a ideia de celebração, e não necessariamente a de festa ligada aos demais padrões de consumo.

b) **Celebrando a história**: coloque imagens das celebrações apresentadas em sala, fruto da pesquisa dos estudantes com os familiares que identificaram as manifestações religiosas de que participam ou participavam.

c) **Celebrando a arte**: identifique os elementos artísticos nas práticas celebrativas, como instrumentos musicais, cores, vestimentas etc.

ATIVIDADE AVALIATIVA

Oriente os estudantes a produzirem um resumo registrando o que aprenderam sobre manifestações religiosas e práticas religiosas.

Esse resumo poderá ser socializado com a turma e/ou com a família. Ao ser compartilhado, pode-se orientar os estudantes para que complementem com informações faltantes ao seu entendimento.

ROTEIRO 02

Título/tema	Celebrando a diversidade
Unidade temática	Manifestações religiosas
Objeto de conhecimento	Práticas celebrativas
Habilidade(s)	(EF03ER03) Identificar e respeitar práticas celebrativas (cerimônias, orações, festividades, peregrinações, dentre outras) de diferentes tradições religiosas.
Previsão de horas/aula(s)	Três horas/aulas
Recursos	· Equipamento para projeção audiovisual com acesso à internet. · Calendário com as festas religiosas do país. · Informações e dados de censos sobre quais tradições religiosas e expressões de crenças existem no Brasil para orientar e/ou oferecer recursos a uma pesquisa a ser realizada pelos estudantes. · Cartolina e papéis coloridos (para cada dupla ou grupo de estudantes envolvidos na pesquisa). · Lápis de cor e canetinhas coloridas. · Recursos para orientar a pesquisa de: 1) três práticas celebrativas que demonstram a participação de duas ou mais tradições religiosas em sua manifestação; 2) Campanhas da Fraternidade cujos temas foram preparados e assumidos a partir da ideia de ecumenismo. · Cartolina e materiais para a elaboração de um mural em sala de aula.

OBSERVAÇÃO

Atividade mobilizadora

Apresente aos estudantes um calendário com todas as festas religiosas do Brasil. Converse sobre quais dessas festas religiosas e manifestações eles já conhecem ou participaram.

Reflita com os estudantes sobre o significado das manifestações religiosas para a população de um país, uma cidade e/ou uma comunidade.

Explore as datas e os seus contextos históricos.

Atividade de sistematização

Peça para que os estudantes identifiquem a qual tradição religiosa as festas fazem referência. Utilize perguntas norteadoras, que podem ser registradas no caderno dos estudantes para que as respostas sejam, depois, socializadas com a turma. Alguns exemplos de perguntas:

- Existe uma tradição religiosa "predominante" no calendário?
- Somente os seguidores de uma tradição religiosa devem respeitar as suas manifestações e as práticas celebrativas?
- Como devemos agir diante das manifestações religiosas de alguma tradição religiosa que não seja aquela à qual pertencemos ou com a qual temos familiaridade?

IDENTIFICAÇÃO E ANÁLISE

Atividade de pesquisa

Prepare recursos para orientar os estudantes na realização de uma pesquisa sobre as tradições religiosas e as formas de crença no Brasil atual. Para isso, sugere-se consultar *sites* e censos, coletando informações que possam ser compartilhadas e/ou indicadas aos estudantes, adequadas à etapa do desenvolvimento deles. Os achados dos estudantes deverão ser representados em um gráfico.

Essa atividade pode ter um cunho interdisciplinar com o componente Língua Portuguesa, utilizando a linguagem do componente Matemática, segundo as habilidades propostas na BNCC[34]:

- **(EF03LP25)** Planejar e produzir textos para apresentar resultados de observações e de pesquisas em fontes de informações, incluindo, quando pertinente, imagens, diagramas e gráficos ou tabelas simples, considerando a situação comunicativa e o tema/assunto do texto.
- **(EF03LP24)** Ler/ouvir e compreender, com autonomia, relatos de observações e de pesquisas em fontes de informações, considerando a situação comunicativa e o tema/assunto do texto.
- **(EF03MA27)** Ler, interpretar e comparar dados apresentados em tabelas de dupla entrada, gráficos de barras ou de colunas, envolvendo resultados de pesquisas significativas, utilizando termos como maior e menor frequência, apropriando-se desse tipo de linguagem para compreender aspectos da realidade sociocultural significativos.
- **(EF03MA28)** Realizar pesquisa envolvendo variáveis categóricas em um universo de até cinquenta elementos, organizar os dados coletados utilizando listas, tabelas simples ou de dupla entrada e representá-los em gráficos de colunas simples, com e sem uso de tecnologias digitais.

Oriente o processo de pesquisa oferecendo os dados ou as referências para coletá-los. Essa pesquisa pode ser realizada em grupos ou duplas. Auxilie os estudantes a apresentarem as informações por meio de uma representação gráfica, produzida em cartolina, com recortes de papéis coloridos para fazer comparações em quantidade.

34 BRASIL. Ministério da Educação. *Base Nacional Comum Curricular (BNCC)*: educação é a base. Brasília: CNE/CEB, 2018, p. 129-289, grifos do autor.

Ainda, para que a atividade seja lúdica, explore a criatividade artística dos estudantes solicitando que em cada parte do gráfico eles façam desenhos para ilustrar as características religiosas da tradição ali representada. Para isso, ofereça lápis de cor e canetinhas coloridas, além de imagens representativas de cada tradição religiosa.

Para a representação gráfica, sugere-se preparar explicações e, se necessário, modelos referenciais aos estudantes. Esse passo é importante para favorecer o entendimento do que se espera que eles realizem na atividade.

Atividade de aprofundamento

Esta atividade pode ser trabalhada junto ao componente curricular Geografia e História, contemplando as habilidades propostas na BNCC[35]:

- **(EF03GE02)** Identificar, em seus lugares de vivência, marcas de contribuição cultural e econômica de grupos de diferentes origens.
- **(EF03GE03)** Reconhecer os diferentes modos de vida de povos e comunidades tradicionais em distintos lugares.
- **(EF03HI03)** Identificar e comparar pontos de vista em relação a eventos significativos do local em que vive, aspectos relacionados a condições sociais e à presença de diferentes grupos sociais e culturais, com especial destaque para as culturas africanas, indígenas e de migrantes.
- **(EF03HI05)** Identificar os marcos históricos do lugar em que vive e compreender os seus significados.

35 BRASIL. Ministério da Educação. *Base Nacional Comum Curricular (BNCC)*: educação é a base. Brasília: CNE/CEB, 2018, p. 375- 411, grifos do autor.

Reflita com os estudantes sobre o processo de construção das religiões no Brasil. Destaque alguma festa na qual se apresenta o sincretismo religioso, como a Congada e a Festa de Iemanjá, no intuito de ajudá-los a exercitar a descentralização no seu desenvolvimento moral, caminhando em direção ao valor do respeito diante do outro e de suas crenças.

Esclareça aos estudantes o que significa ecumenismo e sincretismo religioso, por meio de uma linguagem apropriada à sua interpretação.

Uma manifestação religiosa interessante para se apresentar nesse momento é a Lavagem do Bonfim, considerada como a segunda manifestação mais popular da Bahia. Sobre essa manifestação, sugere-se explorar alguns aspectos que nela ocorrem, como: o culto ecumênico; o sincretismo religioso; o cortejo das baianas que lavam as escadarias da igreja; a missa; a corrida sagrada ou corrida do Bonfim; as pessoas ajoelhadas que expressam o pagamento de penitências em agradecimento aos seus pedidos recebidos; as fitas amarradas em um gradil que representam os pedidos das pessoas ao Senhor do Bonfim; dentre outros. Pode-se explorar esta como uma das manifestações que mais reúne pessoas de diferentes tradições religiosas.

Ao associar as manifestações religiosas a processos históricos no Brasil, como a escravização, o papel das religiões e sua influência na vida das pessoas e da cultura, propõe-se estabelecer interdisciplinaridade com o componente História para enriquecer a reflexão em sala de aula, considerando a habilidade proposta na BNCC[36]:

- (EF03HI03) Identificar e comparar pontos de vista em relação a eventos significativos do local em que vive, aspectos relacionados a condições sociais e à presença de diferentes grupos sociais e culturais, com especial destaque para as culturas africanas, indígenas e de migrantes.

36 BRASIL. Ministério da Educação. *Base Nacional Comum Curricular (BNCC)*: educação é a base. Brasília: CNE/CEB, 2018, p. 411, grifos do autor.

Atividade de pesquisa

Oriente os estudantes a realizarem as seguintes atividades:

- Pesquisar três práticas celebrativas que demonstram a participação de duas ou mais tradições religiosas em sua manifestação, registrá-las no caderno e apresentá-las em sala.
- Pesquisar as Campanhas da Fraternidade cujos temas foram preparados e assumidos a partir da ideia de ecumenismo, ou seja, envolvendo diferentes tradições religiosas. Levantar a temática e explicar a sua importância na dimensão do ecumenismo. Registrar no caderno e apresentar em sala.

Solicite a apresentação do resultado das atividades e explore o conteúdo, fazendo as devidas adequações e os complementos necessários.

APROPRIAÇÃO E RESSIGNIFICAÇÃO

Atividade de organização do saber

A partir do estudo realizado, explique aos estudantes os seguintes conceitos com exemplos:

- ecumenismo;
- diversidade religiosa;
- tolerância religiosa;
- alteridade.

Depois da exposição, convide-os a registrarem em seus cadernos essas palavras e os seus respectivos significados. Analise a necessidade de correções conceituais.

Retome o calendário brasileiro com os feriados religiosos e compare-o com os dados a respeito das tradições religiosas no Brasil. Nessa atividade, é importante destacar aos estudantes a presença hegemônica de uma religião e refletir sobre a ausência de datas que fazem referência a manifestações de outras tradições religiosas também presentes na cultura brasileira.

ATIVIDADE AVALIATIVA

Produção de um calendário da diversidade religiosa

Nesta atividade, elabore com os estudantes um calendário que contemple as datas/festas/manifestações mais importantes não apenas da(s) religião(ões) hegemônica(s), mas contemplando todas as expressões de fé registradas e pesquisadas no decorrer do estudo. Oriente os estudantes propondo:

a) Usar como referência o calendário com todos os feriados religiosos nacionais. Incentive os estudantes no reconhecimento das datas.

b) Preparar em cartolina um calendário com os meses do ano, identificando todos os feriados religiosos nacionais. Prever espaço para inserir as manifestações a serem pesquisadas.

c) A partir das pesquisas feitas em sala, e como atividade para realizar em casa, pedir aos estudantes que selecionem outras manifestações religiosas, como de religiões de matriz africana, oriental, indígena e outras que não estejam contempladas no calendário brasileiro. Pode-se mencionar as que foram abordadas no estudo e outras que venham a complementá-lo.

d) Registrar essas datas por meio de um símbolo, sinal gráfico, escolhido juntamente com os estudantes para representar cada manifestação religiosa selecionada.

e) Escrever uma pequena legenda para identificar a manifestação e/ou a prática celebrativa em questão. Essa legenda deve estar associada ao símbolo/sinal gráfico que for inserido no calendário.

f) Colocar o calendário em local visível na sala de aula e retomá-lo para fazer memória em relação às datas, às manifestações e às práticas celebrativas, ressaltando o caráter da diversidade religiosa presente em nossa realidade brasileira.

Indumentárias religiosas

Álisson Alves de Almeida[37]

As indumentárias fazem parte do modo de expressão das culturas, inclusive religiosas. Assim como a linguagem das artes pode contribuir no ensinamento dos mitos e das origens de cada tradição religiosa, as vestes próprias utilizadas nas suas celebrações e práticas contribuem para a transmissão da mensagem que cada rito propõe. Vestes, adereços, acessórios, cores e símbolos fazem parte desse conteúdo formativo e intuitivo que confere uma melhor percepção da identidade cultural e religiosa à qual representam.

Nesse sentido, os conceitos que farão parte do desenvolvimento das atividades propostas envolvem desde o significado das cores até o formato e a mensagem das indumentárias – roupas e vestes, acessórios e adereços, símbolos de diferentes culturas e tradições religiosas. Entende-se que as indumentárias são usadas pelas pessoas, tanto no cotidiano quanto nas celebrações e nas festividades próprias de cada tradição, para expressarem a sua identidade e prática religiosa.

37 Mestre em Filosofia pela Faculdade Jesuíta de Filosofia e Teologia (Faje-MG) e pós-graduado em Filosofia do Direito pela Pontifícia Universidade Católica de Minas Gerais (PUC Minas). É professor do Colégio Santa Doroteia e Santo Agostinho de Belo Horizonte (MG), atuando na área de Ciências da Religião e Pastoralidade. Tem experiência na área de Filosofia, com ênfase em História da Filosofia, e em Educação Artística com formação técnica pelo Conservatório Estadual de Música Lobo de Mesquita, em Diamantina (MG).

A seguir, indicamos leituras que podem favorecer o trabalho pedagógico do professor sobre o conteúdo proposto:

REFERÊNCIAS

GRUPOS étnicos apresentam indumentárias tradicionais no encontro Sesc Povos do Mar. *Sesc CE*, 2019. Disponível em: https://www.sesc-ce.com.br/noticias/grupos-etnicos-apresentam-indumentarias-tradicionais-no-encontro-sesc-povos-mar/. Acesso em: 4 maio 2023..

PEREIRA, H. N. de O. *O axé nas roupas*: indumentária e memórias negras no candomblé angola do Redandá. Dissertação (Mestrado em Ciências da Religião) – Departamento de Teologia e Ciências da Religião, Pontifícia Universidade Católica de São Paulo, São Paulo, 2017. Disponível em: https://tede2.pucsp.br/bitstream/handle/20817/2/Hanayr%C3%A1%20Negreiros%20de%20Oliveira%20Pereira.pdf. Acesso em: 4 maio 2023.

SILVA, Ú. (org.). *História da indumentária*. 2. ed. Araranguá: Instituto Federal de Educação, Ciência e Tecnologia de Santa Catarina, 2009. Disponível em: https://wiki.ifsc.edu.br/mediawiki/images/e/e2/Hist%C3%B3ria_da_Indument%C3%A1ria_vers%C3%A3o_02.pdf. Acesso em: 4 maio 2023.

ROTEIRO 01

Título/tema	Roupas e acessórios: como identificá-los?
Unidade temática	Manifestações religiosas
Objeto de conhecimento	Indumentárias religiosas
Habilidade(s)	(EF03ER05) Reconhecer as indumentárias (roupas, acessórios, símbolos, pinturas corporais) utilizadas em diferentes manifestações e tradições religiosas. (EF03ER06) Caracterizar as indumentárias como elementos integrantes das identidades religiosas.
Previsão de horas/aula(s)	Duas horas/aulas
Recursos	· Equipamento para projeção audiovisual. · Imagens (impressas ou digitais para projetar) de fiéis usando indumentárias de diferentes tradições religiosas. · Papel kraft e cola para quadro informativo. · Orientações para os estudantes realizarem pesquisa. · Folha de papel A4 para cada estudante elaborar uma cruzadinha (atividade de avaliação).

OBSERVAÇÃO

Atividade mobilizadora

Apresente aos estudantes a evolução das indumentárias. Explore aspectos relacionados à proteção, às preferências, à cultura, à identificação profissional. Pode-se exemplificar mencionando vestimentas próprias das pessoas de acordo com: faixa etária (o que usam crianças, adolescentes, jovens, adultos e idosos); função social (enfermeiros, cozinheiros, profissionais da limpeza pública, bombeiros, médicos e outros que façam parte da realidade do estudante); cultura (poloneses, italianos, japoneses, árabes etc.).

Destaque que cada roupa é apropriada para um lugar, por isso possui um significado de acordo com a ocasião (para a praia; para festas; para a escola; para ir ao templo/igreja etc.). Ao dissertar sobre esses aspectos, esclareça que as vestimentas têm um propósito, de modo que o seu uso está associado a ele.

Converse com os estudantes sobre quais são os estilos de roupas preferidos por eles e por seus familiares. Pergunte se há na família deles, ou de alguém que conheçam, o uso de algum objeto ou vestimenta associado a uma tradição cultural ou religiosa.

Questione sobre quais mensagens podem ser transmitidas pelas vestimentas, isto é, o que se pode comunicar por meio delas. Motive-os a comentarem sobre o que observam que as pessoas podem expressar por meio de suas vestes e, se necessário, apresente exemplos: alguém que usa a camiseta de um time de futebol; uma freira que encontramos no mercado; um jovem com roupas de motociclista ou carregando um capacete etc. Explique que as roupas comunicam preferências, modos de viver e crer.

Comente que a roupa, muitas vezes, pode comunicar valores e crenças tanto pessoais quanto sociais, de modo que identificam ou diferenciam um grupo. Cite como exemplo as roupas de formatura, em que o uso de faixas com cores diferentes identifica um grupo de profissionais e o diferencia de outros grupos. Assim, pode-se dizer que a roupa poderá ser um elemento de semelhança ou de diferença entre as pessoas. Ainda, pode-se mencionar a simbologia cultural da roupa explorando grupos folclóricos, como poloneses, italianos, alemães, portugueses e ucranianos que usam vestes e adereços típicos. Esses grupos resgatam tradições e costumes que retratam a diversidade cultural trazida pelos imigrantes ao Brasil.

Comente a relação da simbologia da roupa com a cultura, a tradição religiosa e as preferências de grupos sociais e/ou profissionais.

Produção de um desenho

Proponha aos estudantes desenharem a si mesmos. Peça que vistam seu desenho com roupas que costumam usar. Oriente para que pensem no que essas roupas simbolizam: suas crenças, sua pertença a um grupo (dança, coral, esporte...), sua cultura (etnia), suas preferências (bandas, séries etc.), dentre outras possibilidades. Depois de desenharem, oriente-os a escreverem um pequeno texto sobre o que comunicam às pessoas quando estão usando essas roupas.

Promova a socialização dos desenhos em uma roda de conversa. Explore o que se pode observar na socialização: características culturais, religiosas e geográficas; mensagens comunicadas: sentimentos, crenças, valores e pertença a grupos; semelhanças e diferenças entre os colegas. Ressalte a diversidade presente na turma e o respeito necessário diante das diferenças no modo de vestir de cada um.

IDENTIFICAÇÃO E ANÁLISE

Apresentando o tema das indumentárias religiosas, aponte-as como uma linguagem que diz muito sobre uma pessoa, sua cultura e as origens da tradição religiosa à qual pertence. Além do mais, pode-se relacionar as indumentárias religiosas com a geografia dos lugares onde surgiram.

Para explorar o conhecimento do estudante sobre as indumentárias usadas em diferentes tradições religiosas, apresente imagens (impressas ou projetadas) de fiéis representantes de variadas culturas, tais como: o muçulmano com o ihram ou a muçulmana com a hijab; o judeu com a kipá; o padre católico com a casula sacerdotal; a freira ou o monge católico com o hábito; o monge budista (escolher a corrente budista para reunir as informações necessárias); as mulheres do candomblé com a indumentária baiana; os indígenas em momentos celebrativos; dentre outras imagens de tradições presentes na realidade dos estudantes.

Ao apresentar cada imagem, proponha questionamentos como: Você reconhece essa vestimenta ou adereço? Observando a roupa, é possível identificar a tradição religiosa que ela representa? Você ou alguém que conhece tem alguma roupa para usar apenas em certas ocasiões? Quais são as vestimentas usadas por pessoas de tradições religiosas que você conhece?

À medida que os estudantes responderem, esclareça as informações realizando as associações entre a indumentária e a tradição religiosa. Dessa forma, os estudantes já poderão identificar algumas informações relacionadas ao tema.

APROPRIAÇÃO E RESSIGNIFICAÇÃO

Retome, ainda com os registros das respostas dos estudantes, as diferenças de indumentárias entre as diversas tradições, ressaltando a importância de cada uma no seu espaço religioso e o seu significado.

Quadro informativo de roupas e indumentárias religiosas

Oriente os estudantes a realizarem uma pesquisa para compor um quadro informativo sobre as roupas e as indumentárias de diferentes tradições religiosas. Essa pesquisa pode ser realizada individualmente, em duplas ou em grupo. Caso considere relevante, distribua entre os estudantes as tradições religiosas a serem pesquisadas.

- O quadro informativo deverá ser organizado de modo coletivo, a partir das pesquisas realizadas. Para isso, solicite que as pesquisas apresentem as seguintes informações:
  - tradição religiosa;
  - vestes e/ou indumentárias;
  - significado;
  - quem usa;
  - em quais momentos é usada;
  - imagem da veste e/ou indumentária.
- Para a montagem do quadro informativo, pode-se usar papel kraft, dividindo os espaços para as colagens dos resultados da pesquisa. Solicite, para isso, que os achados das pesquisas sejam entregues em folha de papel A4, orientando para usarem somente a frente da folha para colá-la no quadro.
- Caso a realidade permita, oriente a produção da pesquisa com o uso de recursos digitais, podendo-se recorrer a alguma ferramenta digital – Padlet, por exemplo – para compor o quadro informativo.

Na montagem do quadro, solicite aos estudantes que apresentem a sua pesquisa. Complemente as informações sempre que necessário.

Após a montagem do quadro, reflita com os estudantes sobre as motivações das indumentárias, destacando semelhanças e diferenças. Fixe o quadro em lugar vISÍVEL DA SALA OU, Caso seja digital, compartilhe-o com os estudantes.

Esclareça que as roupas usadas por líderes religiosos e seguidores de uma tradição religiosa não estão associadas à moda, a preferências pessoais. Elas possuem significados de acordo com as práticas e as celebrações em que são usadas, bem como podem estar associadas a um acontecimento importante da história de uma cultura ou tradição religiosa, contribuindo para se fazer memória. Sinalize, no quadro informativo, casos em que isso se evidencia a partir das pesquisas.

Destaque que, ao observar as vestes e os adereços usados por uma pessoa, podemos identificar a sua pertença religiosa. Isso porque a maneira de se vestir de uma pessoa é a expressão pessoal também de sua crença.

Explique que, em algumas tradições religiosas, para adentrar nos templos ou nos lugares sagrados, há regras relacionadas às vestimentas. Pode-se mencionar como exemplo as exigências para entrar em uma mesquita (islamismo).

ATIVIDADE AVALIATIVA

Solicite aos estudantes a produção de uma cruzadinha a partir do estudo realizado. Para isso, peça que o façam em folha de papel A4 seguindo as orientações:

- De um lado da folha, devem elaborar, a partir do estudo, de seis a oito frases para serem completadas.
- Do outro lado da folha, devem desenhar o gráfico da cruzadinha, relacionando-o com as frases.
- Ao concluírem, podem trocar as folhas entre os colegas para que respondam às questões.

É necessário acompanhar a produção para fazer as intervenções necessárias. Combine com os estudantes como farão o registro das respostas às questões que elaborarem.

SUGESTÃO

Para a produção do gráfico da cruzadinha, pode-se orientar o uso de folha quadriculada ou de um recurso digital. Para isso, sugere-se a ferramenta: https://crosswordlabs.com/. Para saber como proceder, pesquise informações na internet e escolha o recurso mais apropriado à realidade: cruzadinha impressa ou *on-line*.

ROTEIRO 02

Título/tema	A mensagem das vestes: o que cada religião quer expressar?
Unidade temática	Manifestações religiosas
Objeto de conhecimento	Indumentárias religiosas
Habilidade(s)	(EF03ER05) Reconhecer as indumentárias (roupas, acessórios, símbolos, pinturas corporais) utilizadas em diferentes manifestações e tradições religiosas. (EF03ER06) Caracterizar as indumentárias como elementos integrantes das identidades religiosas.
Previsão de horas/aula(s)	Duas horas/aulas
Recursos	· Equipamento para projeção audiovisual. · Imagens de festas de casamento em diferentes tradições religiosas (impressas ou digitais para projetar) para destacar as vestimentas dos noivos e dos líderes religiosos. · Orientações para a entrevista proposta. · Imagens de vestimentas religiosas para apresentar o sentido delas em diferentes tradições (o roteiro apresenta alguns exemplos). · Cartolina ou papel kraft com imagens de vestimentas e/ou adereços religiosos. · Folha de papel A4 a cada estudante com textos relativos a cada imagem selecionada anteriormente (os textos terão lacunas em letras e palavras para serem preenchidas pelos estudantes). · Cola e tarjas com os textos completos para colar ao lado das imagens correspondentes na cartolina ou papel kraft. · Folha de papel A4 para cada estudante. · Lápis de cor, canetinhas e giz de cera.

OBSERVAÇÃO

Apresente aos estudantes o uso de vestimentas em celebrações e práticas religiosas, aspectos que se tornam uma herança cultural e religiosa, nas quais é possível identificar a sua representatividade simbólica. Sugere-se iniciar explorando as festas de casamento em diferentes tradições religiosas, com o uso de imagens ilustrativas impressas ou projetadas em recurso audiovisual. Pode-se selecionar imagens do cristianismo, do judaísmo, do hinduísmo e de outras tradições em que as indumentárias fazem parte tanto dos noivos quanto do líder religioso que conduz as celebrações.

Converse com os estudantes sobre os significados simbólicos religiosos das vestimentas e dos adereços usados no ritual de casamento. Observe com eles as semelhanças e as diferenças entre uma tradição religiosa e outra.

DICA

Para colaborar na reflexão e nos comentários junto aos estudantes, sugere-se a leitura dos textos indicados sobre indumentárias na introdução deste estudo temático.

Entrevista

Oriente os estudantes a realizarem uma entrevista com uma pessoa de sua família, ou alguém que conheçam, que pertença a alguma tradição religiosa. A proposta é que perguntem sobre o uso de vestimentas e adereços em celebrações religiosas. Para isso, prepare com os estudantes algumas perguntas para fazer ao entrevistado, tais como:

- Qual o nome da tradição religiosa?
- Qual é a celebração ou a prática religiosa?
- Que roupas são usadas e por quê?
- A pessoa recebe algum adereço? Qual? Qual o significado dele?

Promova a socialização das entrevistas identificando as semelhanças e as diferenças entre as respostas. Destaque as vestimentas e os seus significados nas diferentes tradições religiosas.

IMPORTANTE

Se possível, oriente para que entrevistem pessoas de diversas tradições religiosas, de modo a oferecer aos estudantes referências provavelmente diferentes das que encontrarão em sua realidade imediata. Na falta de pessoas para entrevistar, pode-se organizar essas informações com base em pesquisas.

IDENTIFICAÇÃO E ANÁLISE

Apresente para os estudantes aspectos sobre o sentido de cada veste em diferentes tradições religiosas. Po**r exempl**o:

Judaísmo: a kipá, espécie de chapéu redondo usado por meninos, adolescentes e homens para recordar a sua submissão a Deus, que está acima de todos. E o talit, manto de orações com franjas nos seus quatro cantos que lembram a presença de Deus em todos os lugares. Destaque que, para as mulheres, não há uma roupa específica, apenas a regra da modéstia ao se **vestirem.**

SUGESTÕES DE LEITURA

COPELAND, C. O que é apropriado para uma mulher vestir em um templo judeu? *eHow Brasil*, 2021.

Islamismo: o ihram, veste usada durante as peregrinações que significa o desprendimento de todas as coisas e a igualdade das pessoas diante de Deus. O hijab, véu usado pelas mulheres (pode-se apresentar também o al-amira e o khimar) para expressar a obediência a Deus de cobrir o corpo, conforme orienta o Alcorão.

Catolicismo: dessa tradição pode-se escolher o que é mais comum em cada região para as vestimentas de sacerdotes e consagrados – freiras, frades, consagrados de institutos de vida religiosa, ordens, bem como bispos, diáconos, acólitos e outros. Com relação a adereços e vestes associados às celebrações, pode-se trabalhar com a Semana Santa e a Páscoa, além de manifestações culturais de cunho católico, como o Congado, a Folia de Reis, a Festa do Divino e outras que considerar relevantes.

Protestantismo: ressalte a diversidade de comunidades de vertentes protestantes e a sua característica na vestimenta tradicionalmente conferida aos homens e às mulheres da sociedade-padrão. Apresente a moda evangélica como algo que caracteriza a pertença às diversas denominações dessa vertente do cristianismo.

Espiritismo: indique a ideia de simplicidade nas vestes. Nessa tradição, recomenda-se não usar bermudas, minissaias ou roupas sensuais nos centros ou nas casas espíritas.

Budismo: apresente as vestimentas dos seguidores do budismo, considerando as diversas correntes dessa tradição religiosa. Pode-se mencionar o manto simples que representa a condição de mendicante do próprio Siddhartha Gautama; o manto comum entre os monges budistas; o rakusu, faixa feita de dezesseis tiras de tecido, que lembram os dezesseis preceitos que os monges do zen-budismo se comprometem a seguir em suas ordenações; dentre outras opções. Explore como é produzido e que mensagem está associada a esta vestimenta.

Candomblé: as indumentárias próprias das mulheres (saia, axó, bata, pano de costa e o famoso turbante, ojá), que significam a proteção de coisas ruins. Explore o uso das vestimentas em manifestações e práticas religiosas dessa tradição.

Pode-se escolher quatro tradições religiosas para facilitar o estudo e a assimilação por parte dos estudantes.

APROPRIAÇÃO E RESSIGNIFICAÇÃO

Prepare uma atividade em que os estudantes terão que completar textos com letras e palavras. Para isso, é necessário preparar os textos e eleger deles as letras ou as palavras a serem subtraídas para formar as lacunas a serem completadas. Proceda da seguinte forma:

- Em cartolina ou papel kraft, coloque imagens de vestimentas e/ou adereços religiosos. Deixe espaço ao lado de cada imagem para colar o texto completo no fim, como um gabarito.
- Para cada imagem, escreva um texto sobre o que é a vestimenta e/ou o adereço religioso, o significado de suas cores e demais informações.
- Transcreva todos os textos de cada imagem em uma única folha de papel A4 e retire deles as letras e as palavras que deverão ser preenchidas pelos estudantes.

DICA

Em vez de os estudantes preencherem as letras e palavras de maneira escrita, eles podem recebê-las impressas, recortadas e preparadas em tarjas que caibam nas lacunas dos textos.

Explique aos estudantes que a atividade consiste em participar do desafio de completar frases, as quais contêm informações sobre as mensagens de vestes e adereços religiosos específicos. Na sequência, apresentamos sugestões de quais elementos destacar nos textos a serem usados na atividade:

- Um dos textos pode apresentar vestes e adereços usados por líderes religiosos marcantes e/ou atuais, como Dalai Lama, Papa Francisco, Irmã Dulce, Madre Teresa de Calcutá, Mãe Menininha do Gantois, Monja Coen, dentre outros que considerar indicados para abordar com os estudantes.
- Outro texto pode ser sobre as vestes das Missionárias da Caridade, congregação católica fundada por Madre Teresa de Calcutá. Para isso, anexe uma imagem das Missionárias da Caridade com o hábito próprio da congregação: um sári indiano de cor branca

com três listras azuis. Ao lado da imagem, transcreva um pequeno parágrafo que identifique as partes do hábito e o significado de suas cores: branco representa a verdade, e azul representa a Mãe de Jesus. Selecione, no texto, palavras e/ou letras que serão suprimidas, deixando os espaços para os estudantes completarem e conhecerem o conteúdo proposto.

- Outro texto, ainda, pode ser sobre os rituais indígenas, como o Kuruap, festa de caráter religioso para celebrar a memória dos mortos que acontece uma vez por ano no Parque Indígena do Alto Xingu. Pode também propor um texto sobre o uso de adereços em rituais com máscaras, decoração do corpo com plumas, pinturas, braçadeiras e botoque (alargador labial e auricular) usado por algumas aldeias. Ainda há a opção de apresentar as festas e os rituais indígenas que marcam a passagem da infância para a adolescência, nas quais se faz uso de pinturas corporais, adornos (cocares, saias, colares, brincos), dentre outros elementos, a depender da tribo.
- Mais uma opção é preparar um texto sobre o Congado ou a Congada destacando: a sua origem, a história do Chico Rei, os personagens da Congada, a dança, os instrumentos musicais, as roupas que fazem parte dos trajes dos personagens e os adereços, como as camisas, as capas, os chapéus, as espadas, as fitas, as bandeiras, as joias e as coroas.

Após a realização da atividade, converse com os estudantes sobre os conhecimentos propostos nos textos. Destaque e esclareça o que roupas e adereços podem significar nas diferentes tradições religiosas. Cole os textos completos ao lado de cada imagem correspondente, lendo com os estudantes as respostas oficiais.

ATIVIDADE AVALIATIVA

Solicite aos estudantes a produção de uma história em quadrinhos, a partir do estudo, sobre o tema: "as roupas nas tradições religiosas". Distribua folhas de papel A4 e recursos para os desenhos (lápis de cor, canetinhas e giz de cera).

ROTEIRO 03

Título/tema	As vestes religiosas nas celebrações, nas práticas e nas manifestações
Unidade temática	Manifestações religiosas
Objeto de conhecimento	Indumentárias religiosas
Habilidade(s)	(EF03ER05) Reconhecer as indumentárias (roupas, acessórios, símbolos, pinturas corporais) utilizadas em diferentes manifestações e tradições religiosas. (EF03ER06) Caracterizar as indumentárias como elementos integrantes das identidades religiosas.
Previsão de horas/aula(s)	Duas horas/aulas
Recursos	· Vídeo ou carrossel de imagens de diferentes momentos nos quais as pessoas usam vestes e adereços específicos de suas tradições religiosas. · Bonecos de papel, um para cada estudante, impressos em papel resistente e, se possível, já recortados. · Desenhos impressos de indumentárias e adereços religiosos para que os estudantes possam colorir, recortar e fixar nos bonecos de papel (é preciso pensar em quais tradições religiosas serão representadas na atividade, uma vez que cada estudante terá um boneco de papel devidamente vestido com esses elementos). · Cola ou fita adesiva. · Recursos para colorir (lápis de cor, canetinhas, giz de cera). · Breve texto explicativo e orientativo sobre cada uma das indumentárias e dos adereços para oferecer como fonte de pesquisa e estudo enquanto os estudantes montam os bonecos (opcional). · Papel kraft ou cartolina para elaborar um mural com os bonecos finalizados pelos estudantes. · Uma minioficina na qual os estudantes apresentarão o que aprenderam a outras pessoas na escola (avaliar possibilidades segundo a realidade da escola).

OBSERVAÇÃO

Atividade mobilizadora

Converse com os estudantes sobre as diferentes maneiras de as pessoas se vestirem. Explore que as tradições religiosas, a partir de sua história, seus valores e seus preceitos, possuem características próprias no modo de orientar o uso de indumentárias e adereços em suas celebrações, práticas e manifestações.

Faça um levantamento do que os estudantes já conhecem, viram e vivem relacionado ao uso de indumentárias e adereços religiosos.

IDENTIFICAÇÃO E ANÁLISE

Apresente as indumentárias nomeando-as de acordo com as tradições religiosas, discorrendo sobre o que significam, em que espaços e momentos (celebrações, manifestações, práticas) são utilizadas, a que acontecimento se associam e quais mensagem transmitem aos seguidores das tradições religiosas.

Exponha o nome de indumentárias e adereços, destacando as suas cores e formas como elementos importantes para as tradições religiosas. Comente o uso específico de algumas vestes e a função que exercem de acordo com o que é celebrado e praticado pelas tradições religiosas. Para isso, sugere-se preparar e apresentar aos estudantes um vídeo ou um carrossel de imagens de diferentes momentos nos quais as pessoas usam vestes e adereços específicos de suas tradições religiosas. A escolha de quais tradições religiosas destacar deve levar em consideração a atividade proposta na sequência, subsidiando os estudantes para sua execução ao apresentar as informações.

APROPRIAÇÃO E RESSIGNIFICAÇÃO

Oriente os estudantes a realizarem a atividade de composição de um boneco de papel com as indumentárias religiosas específicas das tradições religiosas. Para isso, proceda da seguinte maneira:

- Entregue para cada estudante um boneco de papel.
- Disponha desenhos de indumentárias e adereços utilizados em práticas, celebrações e manifestações religiosas - organizados e identificados de acordo com as diferentes tradições religiosas. Esses desenhos precisam ter o tamanho proporcional ao dos bonecos de papel, entregues aos estudantes. Isso é importante porque serão recortados e colados/afixados no boneco de papel. Dentre as possibilidades de seleção de indumentárias, sugerem-se aquelas usadas: em missas católicas e cultos evangélicos; em peregrinação ou momento de oração no islamismo; em momento de oração no judaísmo; durante ritos e rituais do candomblé, indumentárias como o ojá, a saia, o calçolão, o pano de costa, os fios de conta; e, nos rituais indígenas, como o cocar, a maraca, as pinturas corporais e as vestimentas do pajé. Pode-se, ainda, eleger algumas indumentárias próprias de manifestações populares, como o Congado, a Folia de Reis e outras, além daquelas características do líder religioso que deu origem a determinada manifestação religiosa - orixás, santos, caciques, dentre outros.
- Divida as tradições religiosas entre os estudantes e distribua recursos para que possam colorir os desenhos de indumentárias e adereços, de acordo com o que viram no estudo anterior. Depois de colorirem, oriente-os a recortar e afixar esses elementos no seu boneco de papel. Esta etapa da atividade permite ao estudante visualizar melhor a ideia de que a indumentária

IMPORTANTE

Se julgar necessário, para instrumentalizar a apresentação dos estudantes, prepare um breve texto explicativo e orientativo sobre cada uma das indumentárias e adereços para oferecer como fonte de pesquisa e estudo enquanto eles montam os bonecos.

diz muito do que uma pessoa quer expressar, tanto concernente à personalidade e à cultura quanto à sua devoção religiosa.

- Após a confecção dos bonecos, disponha os estudantes em círculo. No centro, à sua frente, cada um deverá colocar o seu boneco voltado para o grupo.
- Proponha aos estudantes que cada um apresente a sua produção. Oriente a apresentação pedindo que descrevam: qual é a tradição religiosa; o que são a indumentária e os adereços usados na composição do boneco; como se chamam esses elementos; quais as suas cores e características; quando e/ou em que momentos são usados pelos seguidores da tradição religiosa à qual pertencem; e qual acham que pode ser a mensagem transmitida por meio dessa indumentária e/ou adereços. Os colegas, então, devem participar concordando ou dando alguma contribuição à apresentação.
- Promova a espontaneidade nesta apresentação para aguçar a criatividade dos estudantes, mas a mantenha bem dirigida, para que não se perca a intenção de entender a indumentária no contexto em que ela se insere.

Com o resultado das produções dos estudantes, monte com eles um mural ou uma mostra em um local adequado na escola. Se possível, fotografe os estudantes com o seu trabalho final e divulgue nas mídias da escola.

ATIVIDADE AVALIATIVA

Como proposta avaliativa, pode-se organizar uma minioficina, "de estudante para estudante", com outras turmas. Pode-se utilizar, para essa finalidade, a "manhã de convivência", a "feira de cultura", a "manhã em família" e qualquer outra possibilidade que a escola ofereça, de acordo com o calendário letivo. Nesta atividade, cada estudante irá expor o que aprendeu com o estudo a outras pessoas.

Analise os resultados com base na participação e na exposição das informações apresentadas pelos estudantes.

Ritos religiosos

Gabriela Torres de Fonseca[38]

Os ritos estão presentes na vida de todo ser humano e definem as normas que são estabelecidas em uma cerimônia de determinada cultura ou tradição religiosa. No rito, são apresentados e transmitidos os conceitos, e os momentos de uma cerimônia e/ou celebração que envolvem ações, palavras, gestos e símbolos, ou seja, os aspectos práticos, configuram os seus rituais. Assim, pode-se afirmar que o rito é composto pelos conceitos, e o ritual é a prática que concretiza o rito.

Todas as vezes que celebramos ou marcamos algum acontecimento da nossa vida com atos repetitivos, vivenciados em grupo (na coletividade), com gestos e/ou objetos simbólicos, estamos realizando um ritual ou rito. Esses atos sociais tão comuns em nosso dia a dia (aniversários e casamentos, por exemplo) são orientados por um roteiro implícito que conduz esses momentos.

Em todas as tradições religiosas, percebe-se a importância das diversas cerimônias, nas quais, segundo algumas regras, o ser humano aproxima-se do transcendente com invocações, louvor, atos de gratidão ou de perdão e simbologias variadas. Chamamos essas cerimônias de ritos religiosos.

Os ritos religiosos estão repletos de símbolos, quando locais, objetos e gestos passam a receber outros significados para enfatizar a relação do ser humano com o sagrado. Eles têm origem na necessidade do ser humano de encontrar respostas para as questões existenciais – "De onde vim?", "Qual é o sentido da vida?", "O que acontece após a morte?", por

38 Mestra em Teologia pela Universidade de Londres, graduada em Pedagogia pela Universidade do Estado de Minas Gerais (UEMG) e em Terapia Ocupacional pela Universidade Federal de Minas Gerais (UFMG), especialista em Ensino Religioso Escolar pelo Claretiano, em Gestão Educacional pelo Serviço Nacional de Aprendizagem Comercial de Minas Gerais (Senac-MG) e pós-graduanda em Neurociência e Educação pela Pontifícia Universidade Católica de Minas Gerais (PUC Minas). É professora da Educação Básica em Belo Horizonte.

exemplo –, que levaram as comunidades a organizar, sistematicamente, as manifestações de encontro com o transcendente. O ritual é um sistema cultural de comunicação simbólica, pois pertence a uma cultura e/ou tradição religiosa específica.

Assim como os ritos do cotidiano – como as comemorações de aniversário e formaturas –, os ritos religiosos possuem uma sequência de palavras e gestos, acontecem sempre da mesma forma e possuem partes faladas e partes gestuais, podendo ter diversos atores.

Existem diferentes formas de se classificar os tipos de ritos religiosos, mas podemos elencar cinco, para fins didáticos e mais adequados ao público do 4º ano do Ensino Fundamental: ritos litúrgicos, ritos comemorativos ou festivos, ritos mortuários, ritos propiciatórios e ritos de passagem.

A seguir, indicamos leituras que podem favorecer o trabalho pedagógico:

REFERÊNCIAS

ASSINTEC. Rituais nas tradições religiosas. *Informativo da ASSINTEC*, n. 28, 2010. Disponível em: http://ensinoreligiosonreapucarana.pbworks.com/w/file/fetch/109765948/Rituais%20nas%20Tradi%C3%A7%C3%B5es%20Religiosas%20-%20Inf.%2028.pdf. Acesso em: 19 fev. 2023.

BIACA, V. *et al*. *O sagrado no Ensino Religioso*. Curitiba: Governo do Paraná; Secretaria de Estado da Educação; Superintendência da Educação, 2008. Disponível em: http://www.educadores.diaadia.pr.gov.br/arquivos/File/cadernos_pedagogicos/caderno_er.pdf. Acesso em: 19 fev. 2023.

BOEING, A. *Antropologia da religião*. Batatais: Claretiano, 2007.

CASAGRANDE, G. Rituais dentro das diferentes religiões. *Medium*, 2017. Disponível em: https://medium.com/@gabrielcasao/rituais-dentro-das-diferentes-religi%C3%B5es-bdf4f734a2fa. Acesso em: 19 fev. 2023.

GAARDER, J. ; HELLERN, V.; NOTAKER, H. Trad. Isa Mara Lando. *O livro das religiões*. São Paulo: Companhia das Letras, 2005.

RITOS de passagem. *Secretaria de Educação do Paraná*, 2011. Disponível em: http://www.ensinoreligioso.seed.pr.gov.br/modules/noticias/article.php?storyid=278. Acesso em: 19 fev. 2023.

ROSSI, L. A. S.; PERONDI, I. *Rito, mito e símbolo como fenômenos religiosos e sociológicos*. Curitiba: InterSaberes, 2020.

ROTEIRO 01

Título/tema	Ritos religiosos
Unidade temática	Manifestações religiosas
Objeto de conhecimento	Ritos religiosos
Habilidade(s)	(EF04ER01) Identificar ritos presentes no cotidiano pessoal, familiar, escolar e comunitário. (EF04ER02) Identificar ritos e suas funções em diferentes manifestações e tradições religiosas. (EF04ER03) Caracterizar ritos de iniciação e de passagem em diversos grupos religiosos (nascimento, casamento e morte). (EF04ER04) Identificar as diversas formas de expressão da espiritualidade (orações, cultos, gestos, cantos, dança, meditação) nas diferentes tradições religiosas.
Previsão de horas/aula(s)	Quatro horas/aulas
Recursos	· Equipamento para projeção audiovisual com acesso à internet. · Quadro ou outro recurso para registro. · Materiais sobre os ritos para a atividade de rotação por estações. · Atividades impressas para serem respondidas no caderno pelos estudantes. · Vídeos sugeridos ao longo da sequência didática. · Modelo de inventário das festas religiosas do Brasil a ser preenchido com os estudantes. · Imagens, recortes de revistas, fotos e desenhos de ritos sociais e religiosos para instrumentalizar o mural dos estudantes. · Definições de rito e ritual aos estudantes para a confecção do mural. · Cartolina ou papel kraft. · Cola, lápis de cor e canetinhas coloridas.

OBSERVAÇÃO

Atividade mobilizadora

Para enriquecer esta atividade, peça que os estudantes tragam de casa fotos ou objetos de momentos marcantes que viveram. A partir desses recursos, identifique os ritos na própria vida. Propõe-se utilizar a metodologia ativa "think-pair-share", procedendo da seguinte forma:

1. "*Think*" (Pensar): anote no quadro, ou em outro recurso, enunciados para que os estudantes respondam individualmente no caderno:
   - Faça uma breve linha do tempo da sua vida, indicando os acontecimentos mais marcantes.
   - Escolha três acontecimentos e descreva, com a maior quantidade de detalhes que você lembrar, como esses momentos foram vivenciados e/ou celebrados. (Espera-se que os estudantes indiquem momentos como aniversários, batizado, viagens etc.)
2. "*Pair*" (Agrupar em pares): oriente os estudantes a formarem duplas para, brevemente, conversarem sobre o que anotaram e sobre as fotos e/ou os objetos que trouxeram de casa. Incentive-os a observarem o que há de semelhante e diferente ou o que mais chamou atenção entre as respostas, por exemplo. Limite o tempo em quinze minutos, aproximadamente.
3. "*Share*" (Compartilhar): peça aos estudantes para compartilharem com o restante do grupo o que conversaram nas duplas. Enquanto isso, anote no quadro ou em outro recurso as principais conclusões.

Explore com os estudantes os gestos, as palavras e outros aspectos que repetem no seu cotidiano. Pode-se utilizar como exemplos: a maneira como acordam e se organizam para ir à escola; a preparação para algum esporte que praticam; o próprio esporte e o rito que nele se pode perceber.

Atividade de sistematização

Dando sequência à discussão do estudo anterior, apresente aos estudantes fotos de alguns ritos do cotidiano, ou seja, de ritos sociais: festa de aniversário, chá de bebê, formaturas, viagens etc.

Exiba o vídeo "Ritos – O que são e para que servem?", de Gabriela Fonseca, disponível no Vimeo.

> **VÍDEO**
>
> RITOS – O que são e para que servem? 1 vídeo (2 min.), 2020. Publicado pelo canal Gabriela Fonseca.

Elabore com os estudantes uma definição de rito e estabeleça a ligação com os ritos religiosos. Apresente a diferenciação de rito e ritual, depois elabore um mapa mental/conceitual sobre ritos no quadro.

Sugestão de mapa mental/conceitual: pode-se apresentar aos estudantes o mapa a seguir, que organiza as informações a respeito dos ritos religiosos.

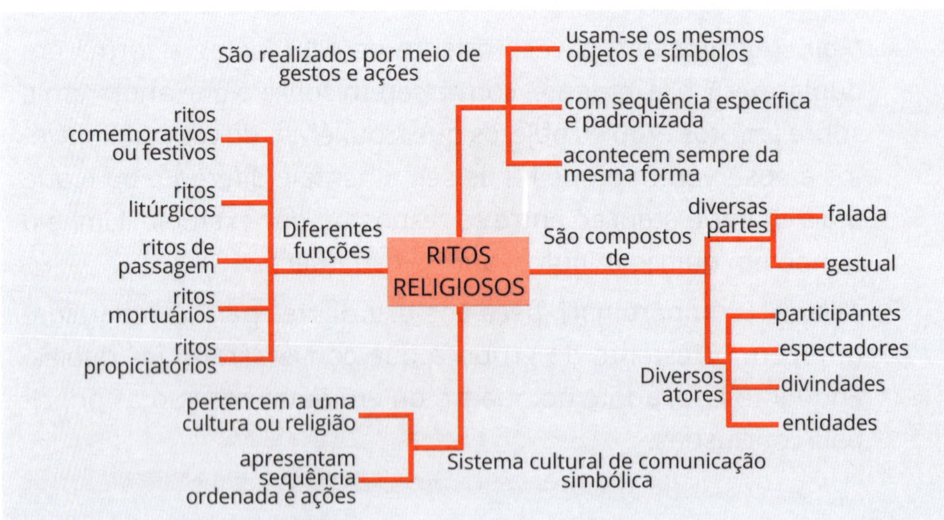

Fonte: Elaborado pela autora, 2023.

É importante observar que o rito é composto de rituais. O primeiro se refere ao que é invariável, estabelecido por meio de normas que orientam uma cerimônia de determinada cultura ou tradição religiosa. No rito são transmitidos os conceitos. O ritual é a prática que concretiza o rito, ou seja, em uma cerimônia/celebração de algum rito, as regras, os costumes e as fases para o seu desenvolvimento são os rituais. Um exemplo concreto para ser utilizado com os estudantes pode ser o batizado. É um rito de inserção na comunidade, e seus momentos (ações, gestos, palavras e símbolos) são os rituais, o que garante que se atinja o resultado do rito: ser batizado, inserir-se na comunidade.

IDENTIFICAÇÃO E ANÁLISE

Atividade de pesquisa

Utilizando a metodologia ativa conhecida como rotação por estações, prepare cinco ritos com materiais específicos para apresentá-los – pode envolver textos com imagens e objetos utilizados nos rituais, por exemplo. Sugere-se que esses cinco ritos selecionados sejam um de cada finalidade: celebrativo, de passagem, comemorativo ou festivo, mortuário e propiciatório.

Em seguida, monte as estações: divida a turma em cinco grupos; cada grupo será uma estação e receberá um rito sobre o qual deverá responder a um questionário (no caderno ou em folha impressa):

- nome do rito;
- tradição religiosa a que pertence;
- objetos e gestos utilizados;
- o que esse rito significa para os fiéis.

Em cada estação, portanto, os estudantes terão contato com rito específico. Depois de responderem ao questionário, seguem para a próxima estação. Assim, todos os grupos passarão por todas as estações, conhecendo cinco ritos no fim da atividade.

Após a finalização da pesquisa realizada nas rotações, faça a sistematização da aprendizagem com os estudantes conversando sobre o que foi percebido por eles. Promova a socialização das respostas nesse processo, estabelecendo conexões entre os grupos e esclarecendo possíveis equívocos.

Atividade de aprofundamento sobre ritos de passagem

Apresente aos estudantes a definição dos ritos de passagem. Aborde exemplos como: batizado, casamento, Bar-Mitzvá, funeral, algum rito das tradições indígenas e afro-brasileiras, dentre outros.

Apresente vídeos sobre alguns ritos e solicite aos estudantes que anotem no caderno o que observarem – roupas, músicas, objetos utilizados, os significados dos ritos, dentre outros aspectos possíveis.

Sugestões de vídeos disponíveis no YouTube:

VÍDEOS

BAR-MITZVÁ: preparação e expectativa. 1 vídeo (6 min.), 2014. Publicado pelo canal Fierj Comunicação.

O QUE é o Bar-Mitzvá? 1 vídeo (1 min.), 2012. Publicado pelo canal Mosaico na TV.

RITOS de passagem: nascimento, circuncisão, iniciação e casamento | Mwana Afrika. 1 vídeo (3 min.), 2022. Publicado pelo canal Mwana Afrika.

SACRAMENTOS crisma | brincadeira | desenhos bíblicos | catequese. 1 vídeo (4 min.), 2020. Publicado pelo canal Vagda Campos.

Para organizar o que aprendi

Após a exposição dos vídeos, peça que os estudantes realizem as atividades propostas:

1. Escreva qual é o sentido principal dos ritos de passagem.
2. Você já participou de algum rito de passagem? Se sim, como foi? Tente lembrar da sequência, dos detalhes, dos objetos utilizados... e descreva-os.
3. Converse com os seus colegas sobre essa experiência.

APROPRIAÇÃO E RESSIGNIFICAÇÃO

Exiba o documentário "FIVE – Cinco crianças, cinco religiões, (quase) cinco minutos", produzido por The Mercadantes

VÍDEO

FIVE – Cinco crianças, cinco religiões,(quase) cinco minutos. 1 vídeo (5 min.), 2015.

A partir do vídeo, ressalte como os ritos de diferentes tradições religiosas utilizam música, dança, elementos gestuais, objetos, água e outros elementos. O vídeo permite abordar que o rito tem uma sequência específica.

Após a exibição do vídeo, liste com os estudantes as diversas formas, que eles conhecem e que viram ao longo das aulas, de manifestação da fé – dança, música, oração, gestos, meditação etc. – que fazem parte dos ritos religiosos.

Inventário das festas religiosas do Brasil

Elabore com os estudantes um inventário das festas religiosas do Brasil. Destaque quais ritos fazem parte das festas religiosas e quais são as formas de expressão de espiritualidade: a música, a dança, o uso de indumentárias, a meditação e os diversos elementos simbólicos presentes em cada festa. Nesse inventário, relacione os aspectos próprios de cada tradição religiosa.

Sugestões de vídeos que podem contribuir para este trabalho pedagógico:

VÍDEO

CELEBRAÇÕES do Círio de Nazaré reúnem 2 milhões de pessoas em Belém | SBT Notícias. 1 vídeo (2 min.), 2017. Publicado pelo canal SBT News.

CONFIRA como foi a Folia de Reis em Aparecida (SP). 1 vídeo (3 min.), 2020. Publicado pelo canal TV Aparecida.

FESTA de Iemanjá reúne milhares de baianos e turistas no Rio Vermelho. 1 vídeo (2 min.), 2020. Publicado pelo canal Governo da Bahia.

Contribui para esse estudo o texto: BROCHADO, M. Iemanjá: a deusa afro-brasileira rainha do mar. *Guia da Alma*, 2020.

FESTA do Congado mantém viva a tradição africana – Jornal Minas. 1 vídeo (4 min.), 2018. Publicado pelo canal Jornal Minas.

FIÉIS se reúnem para montagem de tapetes de Corpus Christi – TV Brasil . 1 vídeo (1,56 min.), 2022. Publicado pelo canal TV Brasil.

LAVAGEM do Bonfim reúne milhares de fiéis em Salvador. 1 vídeo (2 min.), 2020. Publicado pelo canal Band Jornalismo.

Explore que nessa festa religiosa ocorre o rito da missa.

TERRA Santa: veja procissão inspirada nos fatos após morte de Jesus – CN Notícias. 1 vídeo (1 min.), 2016. Publicado pelo canal TV Canção Nova.

Promova a leitura do inventário elaborado por toda a turma, destacando a participação dos estudantes na organização das informações.

ATIVIDADE AVALIATIVA

Atividade em grupo

Proponha a elaboração de um mural ilustrado dos ritos cotidianos – ritos sociais e ritos religiosos –, com imagens, recortes de revistas, fotos, desenhos e as definições de rito e ritual.

SUGESTÃO

Caso os materiais impressos sejam de difícil acesso, pode-se realizar esta atividade avaliativa de modo digital, oferecendo os recursos com o uso de aplicativos como Canva ou Padlet.

Representação religiosa na arte

Beatriz de Oliveira Pinheiro[39]

Para explorar as representações artísticas que abordam o fenômeno religioso, é preciso cumprir algumas etapas que não se encerram na exposição de imagens, pinturas, esculturas e outras. Isso porque não se trata apenas de uma identificação de elementos religiosos nas obras de arte, mas também, de acordo com a habilidade EF04ER05 da Base Nacional Comum Curricular (BNCC)[40], de seu reconhecimento como parte da identidade de uma cultura ou tradição religiosa. Sendo assim, é preciso esclarecer alguns conceitos para que a comunicação no processo de ensino-aprendizagem funcione como esperado, tais como: identidade, cultura, arte, tradição religiosa e representação artística.

No decorrer do seu trabalho pedagógico, o professor identificará outros conceitos que exigirão uma explanação aos estudantes, mas, para trabalhar essa unidade temática e, de modo específico, o objeto de conhecimento proposto, é importante, no decorrer do estudo, apresentar os conceitos mencionados, estabelecendo relações entre um e outro.

Nesse processo, é significativo o envolvimento dos estudantes mediante as obras de arte que lhes serão apresentadas, para que identifiquem, nas representações religiosas, desde pinturas em telas e afrescos, esculturas e monumentos arquitetônicos até pinturas corporais, adornos e objetos ritualísticos próprios de um contexto sócio-histórico.

39 Mestra em Ciências da Religião e bacharela em Filosofia pela Pontifícia Universidade Católica de Minas Gerais (PUC Minas). É colunista e membro do corpo editorial da Revista Senso.

40 BRASIL. Ministério da Educação. *Base Nacional Comum Curricular (BNCC)*: educação é a base. Brasília: CNE/CEB, 2018.

O procedimento metodológico com o trabalho de representações artísticas requer sensibilidade para ajudar os estudantes a explorarem a linguagem artística, sem supervalorizar as análises de cunho estético. O estudo requer identificar e compreender as expressões e as crenças religiosas presentes nas diversas linguagens artísticas, reconhecendo nelas um recurso para os ensinamentos das tradições religiosas, da história e da cultura de um povo, isto é, um instrumento para o cultivo da fé e das crenças dos seguidores das tradições.

SUGESTÕES DE LEITURA

AIDAR, L. Pintura corporal: da ancestralidade aos dias de hoje. *Cultura Genial*, [c2017]. Disponível em: https://www.culturagenial.com/pintura-corporal/. Acesso em: 5 maio 2023.

ARTE corporal e facial em África | Mwana Afrika Oficina Cultural. 1 vídeo (2 min.), 2020. Publicado pelo canal Mwana Afrika. Disponível em: https://www.youtube.com/watch?v=EL2LtUsHUdw. Acesso em: 27 out. 2022.

DEMARCHI, A. Artes da cura: pinturas corporais em alguns grupos Jê. *Revista de Antropologia da UFSCar*, v. 11, n. 2, p. 142-166, 2019. Disponível em: https://www.rau2.ufscar.br/index.php/rau/article/view/315. Acesso em: 5 maio 2023.

MENDONÇA, V. A. de; PEIXOTO, J. A. L. Pintura corporal e memória indígena: história e tradições religiosas entre os Jiripankó. *Revista de Estudos Indígenas de Alagoas – Campiô*, v. 1, n. 1, p. 78-88, 2022. Disponível em: https://periodicosuneal.emnuvens.com.br/campio/article/view/341. Acesso em: 5 maio 2023.

PINTURAS corporais. 1 vídeo (3 min.), 2020. Publicado pelo canal África Novos Olhares. Disponível em: https://www.youtube.com/watch?v=vAIfcrc8210. Acesso em: 5 maio 2023.

RAMOS, G. C. *Sistema de numeração e pinturas corporais Javaé*: a etnomatemática por uma relação dialógica entre cultura e educação escolar. Dissertação (Mestrado em Educação em Ciências e Matemática). Universidade Federal de Goiás, Goiânia, 2016.

ROTEIRO 01

Título/tema	Arte, cultura e religião
Unidade temática	Manifestações religiosas
Objeto de conhecimento	Representações religiosas na arte
Habilidade(s)	(EF04ER05) Identificar representações religiosas em diferentes expressões artísticas (pinturas, arquitetura, esculturas, ícones, símbolos, imagens), reconhecendo-as como parte da identidade de diferentes culturas e tradições religiosas.
Previsão de horas/aula(s)	Cinco horas/aulas
Recursos	· Equipamento para projeção audiovisual com acesso à internet. · Imagens de expressões artísticas, principalmente religiosas, para projetar aos estudantes durante sua explanação. · Imagens de representações religiosas em diferentes expressões artísticas, com detalhes sobre as obras escolhidas, para identificar aos alunos o que é arte sacra e o que são expressões artísticas religiosas. · Questões para o trabalho em grupo (impressas ou escritas no quadro) · Cartolina e recursos para a produção de cartazes. · Folha de papel A4 para cada estudante para a produção de um texto como atividade avaliativa (pode ser escrito também no caderno).

OBSERVAÇÃO

Exposição oral e ilustrada

Para explicar o conteúdo relacionando arte e cultura, sugere-se preparar recursos visuais para ilustrar a sua exposição. Selecione imagens de expressões artísticas, principalmente religiosas, para projetar aos estudantes durante a sua explanação. Na sequência, propomos algumas abordagens.

Para relacionar arte e cultura, é necessário expor, brevemente, a contraposição entre natureza e cultura. Sendo assim, apresente aos estudantes a natureza como aquilo que independe do ser humano para existir, e a cultura como aquilo que passa pelas ações humanas. Assim, pode-se compreender que a política, a sociedade, a religião, a arte, a música e a dança são expressões culturais que representam uma vontade – ou uma afeição – individual ou coletiva. Essas expressões culturais marcam o que chamamos de "identidade", pois nos identificamos com elementos, tradições e pessoas que compartilham opiniões, vivências e preferências parecidas com as nossas, e, assim, formamos alguns grupos que são identificados por essas expressões, ou seja, criamos uma identidade coletiva.

Uma das formas de expressarmos o que sentimos e sensibilizarmos, ou cativarmos, outras pessoas que sentem algo parecido é a representação artística. A arte representa características e crenças de diversas culturas, pois, em sua necessidade de manifestar sentimentos, o ser humano encontra, na pintura, na escultura, na arquitetura, na música e na dança, possibilidades de fazê-lo.

As tradições religiosas também percebem na arte a possibilidade de transmitirem os seus ensinamentos, as suas belezas, as suas histórias e os seus ritos, por isso é comum encontrarmos, no dia a dia, monumentos arquitetônicos, pinturas e esculturas, ou nos depararmos com danças que representem algo de uma tradição religiosa. Todas essas formas de expressão são chamadas de expressões artísticas e são marcas de como determinadas culturas ou tradições religiosas compreendem o mundo. Algumas podem ser muito antigas ou recentes, mas o que têm em comum é que trazem consigo as características do tempo em que foram produzidas.

Comente que algumas dessas obras são produzidas propriamente para as celebrações, para os ritos religiosos, para compor os espaços religiosos de templos, entre outros propósitos, sendo conhecidas como "artes sacras".

Mencione que existe uma diferença entre expressões artísticas que retratam o fenômeno religioso e a arte sacra, pois nem toda expressão artística que retrata o fenômeno religioso foi produzida para uso durante a cerimônia. Isso significa que toda arte sacra é uma representação religiosa, mas nem toda representação religiosa é arte sacra.

Atividade mobilizadora 1

Para ilustrar a explicação, projete algumas representações religiosas em diferentes expressões artísticas, dando detalhes sobre as obras escolhidas, e nomeie quais são consideradas arte sacra e quais são expressões artísticas religiosas. Ao apresentar as obras de arte, explique o que significam, quem são os artistas, onde estão expostas e outras informações que enriqueçam o trabalho pedagógico. Envolva os estudantes propondo-lhes perguntas sobre as obras.

Sugestões de obras de arte:

- "Pietà", de Michelangelo.
- "A última ceia", de Leonardo da Vinci.
- "Escola de Atenas", de Rafael.
- "Cristo crucificado", de Diego Velázquez.
- "As lágrimas de São Pedro", de El Greco.
- Capela Sistina, Michelangelo Buonarroti.
- Obras de Aleijadinho.
- Estátua de Iemanjá, José Synfronini de Freitas Castro.
- Mesquita Imam Ali Ibn Abi Talib, na cidade de Curitiba.
- Sinagoga Churba, em Jerusalém.
- Acervo do Museu de Arte Indígena (MAI).
- Santuário Nacional de Aparecida, em Aparecida do Norte (SP), com as obras de Cláudio Pastro.
- Obras de arte locais.

Atividade mobilizadora 2

Solicite aos estudantes para que procurem lembrar se já viram em sua cidade estátuas, construções arquitetônicas (igrejas, templos, sinagogas), imagens (pinturas, desenhos, murais), dentre outras expressões artísticas, como a música e a dança, que representam o elemento religioso. Oriente para que conversem com os colegas e escolham uma dessas representações para responderem às seguintes perguntas:

1. A obra retrata qual tipo de expressão artística?
2. A qual tradição religiosa a obra está vinculada?
3. Qual tipo de material foi utilizado para a sua produção?
4. É uma obra recente ou antiga?
5. O que vocês entendem que a obra transmite?

Motive os estudantes a realizarem a socialização das respostas e organize um quadro-síntese com as informações, identificando as obras de arte sacra e aquelas que são expressão artística cultural.

DICA

As perguntas podem ser escritas no quadro, ou em outro recurso disponível em sala, para serem copiadas e respondidas diretamente nos cadernos dos estudantes, ou podem ser disponibilizadas em folhas impressas para que as respostas sejam também entregues. Nesse último caso, sugere-se que as atividades impressas sejam divulgadas no quadro-síntese proposto a seguir.

APROPRIAÇÃO E RESSIGNIFICAÇÃO

Pesquisa em grupo

Solicite aos estudantes para formarem grupos. Explique que cada grupo deverá escolher uma das tradições religiosas indicadas para fazer uma pesquisa elencando as diversas manifestações artísticas da tradição escolhida.

Oriente que o resultado da pesquisa deve conter, no mínimo, três representações, contemplando desde pinturas até imagens, ícones e símbolos religiosos. Para apresentar o trabalho, solicite que os grupos elaborem, em uma cartolina, um esquema explicativo que contenha: a imagem de cada obra; informações da expressão artística – história, artista, tipo de obra, material utilizado, onde está a obra (museu, templo etc.) – elementos e/ou ensinamentos religiosos que podem ser observados na obra.

Opções de tradições religiosas para a pesquisa, podendo-se dividir os grupos entre elas:

1. cristianismo;	4. judaísmo;
2. hinduísmo;	5. islamismo;
3. budismo;	6. candomblé.

Após a realização da pesquisa e a sistematização dos dados em cartazes, organize com os estudantes um painel da turma. Cada grupo deverá expor o que pesquisou comentando as informações que foram registradas. Motive os estudantes, após as apresentações, a observarem as semelhanças e as diferenças entre as representações religiosas elencadas e expostas.

SUGESTÃO

Caso materiais impressos sejam de difícil acesso aos estudantes, sugere-se que a atividade de pesquisa em grupos seja apresentada com recursos digitais, organizando-se uma plenária para a apresentação de todos.

ATIVIDADE AVALIATIVA

A partir do estudo, proponha aos estudantes que escrevam um texto discorrendo sobre a arte e a sua importância para as tradições religiosas. O texto pode ser escrito no caderno ou em uma folha de papel A4 a ser entregue a cada estudante.

ROTEIRO 02

Título/tema	Pintura corporal: diferenças culturais e suas expressões
Unidade temática	Manifestações religiosas
Objeto de conhecimento	Representações religiosas na arte
Habilidade(s)	(EF04ER05) Identificar representações religiosas em diferentes expressões artísticas (pinturas, arquitetura, esculturas, ícones, símbolos, imagens), reconhecendo-as como parte da identidade de diferentes culturas e tradições religiosas.
Previsão de horas/ aula(s)	Duas horas/aulas
Recursos	· Equipamento para projeção audiovisual. · Imagens de pinturas corporais das tradições indígenas, africanas e hinduístas para apresentar e explicar. · Textos sobre pinturas corporais relacionados aos povos indígenas, africanos e hindus para distribuir aos grupos de estudantes. · Atividade impressa para cada estudante assinalar as frases verdadeiras ou falsas.

OBSERVAÇÃO

Atividade mobilizadora

Comente que, quando pesquisamos representações religiosas em diversas expressões artísticas, é comum falarmos sobre obras arquitetônicas, grandes afrescos e esculturas em mármore. No entanto outras formas de representações religiosas, como pinturas corporais, adornos, cerâmicas e instrumentos musicais utilizados em rituais por povos indígenas, hindus e africanos, por exemplo, nem sempre são mencionadas.

Converse com os estudantes se já viram imagens, em noticiários, filmes ou desenhos animados, de rituais em que as pessoas usam pinturas corporais, adornos e/ou instrumentos musicais.

Deixe que comentem e, a partir das informações, explique que esses elementos têm um grande valor simbólico, que representam tradições, culturas e crenças específicas, que marcam ritos de passagem e eventos de grande importância para os membros das tradições culturais ou religiosas que os usam.

Apresente algumas imagens em que aparecem pinturas corporais das tradições indígenas, africanas e hinduístas. Explore e explique as imagens escolhidas.

Mencione que cada pintura corporal possui um significado. As posições dos traços, as espessuras, os locais em que são realizadas e o material utilizado representam eventos diferentes e retratam sabedorias de mundo que são repassadas de geração a geração.

Explique que o objetivo deste estudo é ressaltar a importância de respeitarmos as diferenças culturais e religiosas, assim como as suas diversas expressões, entendendo que a diversidade é uma realidade que nos possibilita conhecer diversas visões de mundo e suas representações religiosas e artísticas.

IDENTIFICAÇÃO E ANÁLISE

Converse com os estudantes sobre algumas tradições religiosas manifestarem o elemento religioso, ou sagrado, utilizando-se de expressões artísticas como a pintura corporal, por exemplo. Essa forma de expressão artística está associada à representação religiosa utilizada por diversos povos, como aqueles mencionados anteriormente: indígenas, hindus e africanos. Cada pintura possui uma série de significados relacionados a eventos como luta, caça, casamento, morte, nascimento, ritos e rituais de passagem, dentre outros.

Estudo do texto

Organize os estudantes em grupos e entregue, para cada grupo, um texto sobre pinturas corporais, relacionado a um rito de passagem de uma das tradições: indígena, hindu e africana.

Distribua folhas de papel a cada grupo. Solicite que estudem os seus textos e preparem um resumo para apresentar aos colegas. Nesse resumo, devem considerar: em que momentos/ocasiões se realizam essas pinturas (casamentos, luto, festas, rituais de passagem de fases da vida etc.), qual o significado envolvido e a sua relação com o sagrado, com a espiritualidade.

SUGESTÃO

Se possível, oriente os estudantes a complementarem o estudo de seus textos recorrendo a pesquisas na internet. Para isso, ofereça sites de referência.

Após o estudo, organize com os estudantes a forma de apresentar os seus trabalhos. Se necessário, complemente o estudo projetando algumas imagens de pinturas corporais e explicando os seus significados.

Explore, após as apresentações, os seguintes aspectos sobre as pinturas corporais: elas manifestam a identidade de cada cultura ou tradição religiosa; apresentam semelhanças e diferenças; algumas estão associadas a sentimentos, a valores, à condição social (pessoas solteiras ou casadas; crianças, jovens ou idosos; membros ou líderes religiosos). Conclua dizendo que a arte é um recurso de comunicação.

APROPRIAÇÃO E RESSIGNIFICAÇÃO

Atividade de síntese da aprendizagem

Para sistematizar a aprendizagem, distribua uma folha com a seguinte atividade:

Assinale V para as alternativas verdadeiras e F para as alternativas falsas:

( ) Existem representações religiosas na arte que são utilizadas em ritos e cerimônias religiosas.

( ) Toda representação religiosa expressada na arte é utilizada em ritos e cerimônias religiosas.

( ) Algumas culturas são mais importantes do que outras.

( ) Algumas pinturas corporais não possuem significados.

( ) Toda pintura corporal traz um significado.

( ) Toda representação religiosa é arte sacra.

( ) Toda tradição religiosa se expressa com os mesmos elementos artísticos.

Ao realizar a socialização da atividade, converse com os estudantes sobre cada frase e realize a retomada de conceitos abordados. Proponha aos estudantes a reescrita das frases falsas, para que se tornem corretas.

ATIVIDADE AVALIATIVA

Solicite aos estudantes a escrita de um pequeno texto em formato de síntese acerca do seu entendimento sobre as pinturas corporais como representações religiosas.

Oriente-os a escolherem uma pintura corporal dentre as opções estudadas e reproduzirem o desenho no caderno, para ilustrar o seu texto.

ROTEIRO 03

Título/tema	As expressões artísticas religiosas
Unidade temática	Manifestações religiosas
Objeto de conhecimento	Representações religiosas na arte
Habilidade(s)	(EF04ER05) Identificar representações religiosas em diferentes expressões artísticas (pinturas, arquitetura, esculturas, ícones, símbolos, imagens), reconhecendo-as como parte da identidade de diferentes culturas e tradições religiosas.
Previsão de horas/aula(s)	Quatro horas/aulas
Recursos	· Equipamento para projeção audiovisual com acesso à internet. · Modelo de projeto de jornal digital abordando as diversas representações religiosas nas expressões artísticas para apresentar aos estudantes e definir como a atividade será desenvolvida. · Acesso à plataforma Padlet para a produção de um jornal digital. · Folha de papel A4 com pergunta impressa a cada estudante.

OBSERVAÇÃO

Realize com os estudantes uma roda de conversa para explorar questões relacionadas às representações artísticas presentes nas tradições religiosas. Retome o conteúdo dos dois roteiros anteriores, relacionados às representações religiosas na arte.

DICA

Se possível, organize as abordagens em forma de esquema, gráfico, com frases e imagens para ajudar a rever o estudo já realizado.

IDENTIFICAÇÃO E ANÁLISE

Desenvolva com os estudantes uma atividade com a estratégia de rotina de pensamento PENSAR - FALAR - TROCAR IDEIAS.

Essa rotina favorece a aprendizagem em grupo considerando a construção de explicações e as diferentes percepções. Solicite que os estudantes sigam os passos:

- **Pensar** – individualmente, responder às perguntas: quais expressões artísticas religiosas se encontram em espaços domésticos, em ambientes comerciais e públicos (ruas, praças etc.)?
- **Falar** – organizar o revezamento dos estudantes para socializar as suas respostas, um de cada vez. Após a exposição, os demais podem apresentar as suas perguntas e ampliar a interação.
- **Trocar ideias** – após as apresentações individuais, os estudantes se reúnem em grupos e relacionam as expressões artísticas religiosas que foram mencionadas, classificando-as em: pinturas, esculturas, músicas, ícones, símbolos, objetos, dentre outras.

Realize uma roda de conversa para explorar com os estudantes a manifestação artística do religioso na dinâmica sociocultural, mencionando que as pessoas expressam de diferentes formas seu vínculo com as tradições religiosas – comente, ainda, que também há aqueles que se apropriam das expressões sem necessariamente estabelecerem esse vínculo.

Caso considere necessário, mencione as expressões artísticas religiosas presentes em algumas cidades que se destacam em períodos do ano, como o período do Natal, em dezembro. Nessa época, casas, ruas e praças são decoradas com elementos da tradição cristã, muito embora nem todas as pessoas sejam dessa tradição.

Explore que há nas decorações de ambientes domésticos e comerciais expressões artísticas com o elemento religioso (quadros, esculturas, objetos, dentre outras). Ainda, destaque que, em algumas praças das cidades, encontra-se imagens de personalidades associadas às tradições religiosas.

Solicite aos estudantes que escrevam em seus cadernos expressões artísticas religiosas que existem em sua cidade. Ajude-os nesse processo.

APROPRIAÇÃO E RESSIGNIFICAÇÃO

Organizando o projeto de um jornal

A partir do conhecimento adquirido no estudo realizado anteriormente, oriente os estudantes a planejarem a elaboração de um jornal digital abordando as diversas representações religiosas nas expressões artísticas.

O objetivo do jornal é noticiar expressões artísticas que retratem o elemento religioso. Oriente os estudantes para que as informações sejam organizadas por categorias, sendo elas: pintura, arquitetura, escultura, música, dança, símbolos e obras literárias religiosas. Esclareça que, assim como um jornal, o arquivo produzido deve

DICA

Indicamos que o jornal seja elaborado utilizando a plataforma Padlet.

conter notícias e informações a respeito das obras escolhidas, palavras cruzadas, curiosidades e caça-palavras.

Para isso, deverão selecionar as obras a serem expostas na edição do jornal, o texto que acompanhará cada imagem, a produção de caça--palavras e palavras cruzadas, uma curiosidade que aborde o tema e outros elementos que queiram incluir no projeto.

Estabeleça as divisões do trabalho organizando os estudantes em grupos, dividindo o conteúdo e a sua produção por tradição religiosa.

Produzindo o jornal digital

Após o levantamento das informações, é chegada a hora da produção do jornal planejado com os estudantes. Para isso, oriente o uso de recursos digitais para a produção do jornal.

DICA

Para auxiliar na produção das palavras cruzadas e do caça-palavras, indicamos o *site* Educolorir.

Como em um jornal, os estudantes se organizarão para distribuir as tarefas necessárias. O recurso digital Padlet funciona como uma linha do tempo em que se adicionam imagens com textos, mapas, *links*, notícias, dentre outros elementos. As informações utilizadas para alimentar o Padlet ficam expostas em um formato de painel. No fim da construção desse painel, o arquivo pode ser salvo com a extensão PDF e distribuído, digital ou fisicamente, atendendo ao formato de jornal, visto que será alimentado com os elementos do gênero.

Com esse recurso, o professor terá um maior domínio da função de alimentar a plataforma, mas os estudantes é que escolherão as informações a serem expostas, assim como o nome do jornal.

Um aspecto importante nesse trabalho é que os estudantes procurem apresentar nos textos o respeito às diferentes tradições religiosas e às suas expressões artísticas.

Após a produção do jornal, organize com os estudantes uma exposição da edição com uma reflexão que contemple a análise do que produziram, do que aprenderam com o estudo e da organização do conteúdo. Depois desse processo, eleja, coletivamente, uma forma de socialização do jornal com a escola e as famílias dos estudantes.

ATIVIDADE AVALIATIVA

Distribua uma folha de papel A4 a cada estudante com a pergunta: qual a relação entre arte, religião e cultura?

Oriente que escrevam sua resposta em formato de texto-síntese. Promova uma partilha das produções, com comentários adicionais ou corretivos, e organize um painel para exposição.

Místicas e espiritualidades

Ana Carolina Kerr Neppel Mariano[41]
Jonathan Félix de Souza[42]

O ser humano sempre buscou respostas para questões fundamentais e profundas de sua existência, construindo e trilhando caminhos dos mais diversos para dar sentido e significar a realidade à sua volta. Nesse campo da busca do autoconhecimento e da experiência do transcendente estão as diversas formas de experiências místicas e espiritualidades. Embora sejam conceitos que se relacionem, é importante enfatizar que espiritualidade e mística não são a mesma coisa. A compreensão de ambos os fenômenos é algo que vem sendo discutido e pesquisado em diversos campos das Ciências da Religião e por outros edifícios do saber, como a filosofia, a teologia, a psicologia, a medicina e a ecologia.

Dentre os diversos conceitos e teorias acerca da espiritualidade, podemos pensá-la como uma dimensão própria dos seres humanos que se relaciona, sobretudo, com a busca de sentido para a vida. A espiritualidade pode estar ou não inserida em uma tradição religiosa, tendo em vista

41 Doutoranda e mestra em Ciências da Religião (PUC Minas), bacharela e licenciada em Filosofia (PUC Minas). Atualmente, é professora de Ensino Religioso no Colégio Santo Agostinho, membro do corpo editorial das revistas de Ciências da Religião "Horizonte" e "Interações", colunista membro do conselho editorial da Revista Senso, membro do grupo de pesquisa Religião, Pluralismo e Diálogo (Repludi). É pesquisadora nas áreas da mente, cérebro e religião; consciência na mística de tradições orientais como islã e hinduísmo; e de práticas religiosas como yoga e meditação.

42 Doutorando e mestre em Ciências da Religião, bacharel em Administração e licenciado em Pedagogia pela Pontifícia Universidade Católica de Minas Gerais (PUC Minas). Atualmente, é coordenador institucional de Pastoralidade dos Colégios Santo Agostinho, sendo o responsável pelas áreas de Ensino Religioso e Projetos de Vida. É fundador e editor-chefe da Revista Senso e diretor de Espiritualidade, Inovação e Bem-viver na Gaudium Educação. Foi membro do Comitê Estadual de Respeito à Diversidade Religiosa (CDR/MG) e presidente do Conselho Estadual das Juventudes (Cejuve/MG). Atua como pesquisador, consultor e palestrante.

que espiritualidade não é religião[43]. Quando a espiritualidade se revela vinculada às tradições religiosas cristã, budista, hindu, de matriz africana, xamânica, muçulmana, judaica etc., diz respeito à prática de valores ligados aos princípios dessa tradição, seja por meio de livros sagrados e tradições orais, seja por vivências comunitárias, celebrações, ritos e outros.

Ao mesmo tempo, é importante destacar que pertencer a uma tradição religiosa não significa, necessariamente, cultivar uma espiritualidade, pois a prática dela se relaciona com a busca de sentido e significado para a existência, bem como com o aperfeiçoamento ético e o cultivo do autoconhecimento. Quando desvinculada de uma tradição religiosa, encontramos a espiritualidade vivida por pessoas sem religião, agnósticas e ateias, por exemplo. Não está, portanto, implicada na ideia de espiritualidade a crença em um Sagrado, em um Deus ou divindade específica, e sim um processo profundo da vida humana. Sob uma ótica mais funcionalista, podemos também conceituar a espiritualidade a partir de quais funções ela cumpre/desempenha na vida das pessoas, como no contexto das empresas, em uma situação de enfermidade, na resolução de conflitos, na construção de identidades e em contextos emancipatórios de cunho sociopolítico e/ou antropológico. Sendo assim, não é possível falar em somente uma forma de espiritualidade, mas de várias, tendo em vista a gama de possibilidades e contextos nos quais ela se manifesta nos sujeitos.

Nesse sentido, quando falamos de mística não é diferente. Seu caráter multifacetado e polissêmico também nos permite pensar em várias experiências místicas. Principalmente porque a mística é um fenômeno da ordem pessoal, que vai ser vivido e significado de maneiras diferentes para os sujeitos que a experienciam. Definir de modo simples o

43 PINHEIRO, B. O conceito e o vivido: uma distinção entre religião e espiritualidade. *Revista Senso*, 2022. Disponível em: https://revistasenso.com.br/edicao-24/o-conceito-e-o-vivido-uma-distincao-entre-religiao-e-espiritualidade/. Acesso em: 20 fev. 2023.

significado de mística também é um desafio, por isso optamos por utilizar três bases para refletirmos o seu conceito: a sua origem etimológica, o *Dictionnaire de Spiritualité,* e um dos autores clássicos desse tema, William James.

A mística possui como etimologia o termo grego "*mystikos*", que remete às práticas religiosas da Grécia Antiga, denominadas "mistéricas", como o Orfismo, cultos dionisíacos e eleusianos. Sendo assim, o termo "mística" pode ser pensado como a experiência do mistério. Nesse sentido, a mística se trata de uma experiência que tem como característica uma mudança profunda da existência humana, na ordem da gratuidade, e pode ser uma experiência direta com o Sagrado, Deus, deuses, deusas, ou mesmo com a própria experiência da vida, desvinculada de uma tradição religiosa.

A mística possui uma natureza empírica e pessoal, ou seja, é uma vivência particular de um indivíduo, na qual, geralmente, é relatada como fonte de conhecimento, sabedoria e abertura para os sentimentos de caridade, compaixão e amor incondicional. O *Dictionnaire de Spiritualité*[44] define "*mystique*" como experiências totalizantes, possibilitando perspectivas unitivas e universais na relação com o mundo. A mística pode ser caracterizada, ainda, por possuir fenômenos extraordinários, como êxtases, intuições e iluminações.

William James[45] (1842-1910) conceituará a mística a partir de quatro qualidades: caráter inefável, pois a experiência mística se situa no campo transcendental, o que dificulta as suas formas de expressão; caráter transitório, porque o fenômeno é passageiro (como uma visão, por exemplo); caráter noético, ao possibilitar produção de conhecimento intuitivo e desenvolvimento da percepção da realidade; e, por fim, caráter passivo de "subordinação" e abertura por parte de quem recebe essa

44 MYSTIQUE. *In*: DICTIONNAIRE de Spiritualité. Paris: Editions Beauchesne, 1980.

45 JAMES, W. *As variedades da experiência religiosa*: um estudo sobre a natureza humana. São Paulo: Cultrix, 2017.

experiência. Sendo assim, podemos pensar a experiência mística como um fenômeno que se direciona para uma abertura ao transcendente, seja ele religioso ou não. Inserida nas tradições religiosas, a mística se manifestará de diferentes formas, variando de tradição para tradição e de místico(a) para místico(a). De modo geral, podem ser caracterizadas como manifestações profundas de cunho devocional e de unidade com o divino/sagrado.

A seguir, indicamos recursos que podem favorecer a fundamentação necessária para o trabalho pedagógico:

REFERÊNCIAS

A PARTE que falta [animação]. 1 vídeo (4 min.), 2019. Publicado pelo canal Produção de Áudio e Vídeo – EEEP Jaime Alencar de Oliveira. Disponível em: https://www.youtube.com/watch?v=3pG47ePYXyQ. Acesso em: 5 maio 2023.

RELIGARE – Conhecimento e religião. Experiência mística, entrevista de Faustino Teixeira a Flávio Sena. 1 vídeo (24 min.), 2015. Publicado pelo canal Flávio Sena. Disponível em: https:/ https://www.youtube.com/watch?v=VtYPKD7vqIM. Acesso em: 5 maio 2023.

ROTTERDAN, S.; SOUZA, J. F. de. Espiritualidade: o conceito e o vivido. *Revista Senso*, n. 24, 14 mar. 2022. Disponível em: https://revistasenso.com.br/edicao-24-espiritualidade-o-conceito-e-o-vivido/. Acesso em: 5 maio 2023.

ROTEIRO 01

Título/tema	Espiritualidades
Unidade temática	Manifestações religiosas
Objeto de conhecimento	Místicas e espiritualidades
Habilidade(s)	(EF07ER02) Identificar práticas de espiritualidade utilizadas pelas pessoas em determinadas situações (acidentes, doenças, fenômenos climáticos).
Previsão de horas/aula(s)	Cinco horas/aulas
Recursos	· Equipamento para projeção audiovisual com acesso à internet. · Folha de papel A4 para cada estudante: na frente, as perguntas impressas para as famílias que os estudantes entrevistarão; no verso, as perguntas que devem ser respondidas por eles. · Orientações e modelo para portfólio que os estudantes confeccionarão. · Modelo de esquema a ser utilizado como síntese da aprendizagem na atividade avaliativa, para mostrar aos estudantes.

OBSERVAÇÃO

Atividade mobilizadora

Explique aos estudantes que desenvolveremos a habilidade de "Identificar práticas de espiritualidade utilizadas pelas pessoas em determinadas situações (acidentes, doenças, fenômenos climáticos)", proposta pela BNCC[46]. Inicie o estudo perguntando o que eles sabem sobre espiritualidade.

Após ouvir e acolher as suas respostas, apresente o vídeo "A parte que falta", adaptação do livro de mesmo título, do autor Shel Silverstein, disponível no YouTube.

VÍDEO

A PARTE que Falta [animação]. 1 vídeo (4 min.), 2019. Publicado pelo canal Produção de Áudio e Vídeo - EEEP Jaime Alencar de Oliveira.

Realize algumas perguntas para sistematizar a aprendizagem dos estudantes após a exibição da animação:

- O que mais chamou a sua atenção no vídeo?
- O que esse vídeo tem a ver com espiritualidade?
- Você já se perguntou sobre o sentido da vida?

Em seguida, introduza com os estudantes o conceito de espiritualidade – pode-se utilizar como base a introdução desse objeto de conhecimento. Estabeleça relações entre o conceito abordado e a animação apresentada, indicando que a "falta" é algo que pertence à dimensão humana, e a espiritualidade é o caminho da busca de sentido e significado para a vida.

SUGESTÃO

Selecione imagens de vivências de espiritualidade nas tradições religiosas, de modo a ilustrar como são realizadas nas diferentes culturas religiosas, para apresentar por meio de projeção audiovisual.

46 BRASIL. Ministério da Educação. *Base Nacional Comum Curricular (BNCC):* educação é a base. Brasília: CNE/CEB, 2018, p. 455.

Atividade de sistematização do conhecimento

Peça aos estudantes que escrevam, no caderno, um registro pessoal sobre o que é espiritualidade e qual é a sua utilidade para a vida. Promova a socialização dessa atividade, oferecendo colaborações e corrigindo conceitos quando necessário.

IDENTIFICAÇÃO E ANÁLISE

Atividade de aprofundamento

Promova um momento de diálogo com os estudantes para pensar sobre as diferentes formas de vivência da espiritualidade, com base nos conceitos apresentados na introdução e nos vídeos sugeridos. Ressalte exemplos do cotidiano dos estudantes (situações de enfermidade, de cuidado e preservação da natureza, ações de caridade, busca de sentido da vida etc.) com o intuito de favorecer a reflexão e a definição dos diferentes papéis da espiritualidade na vida das pessoas.

Para refletir sobre a espiritualidade em situações desafiadoras da vida, reúna os estudantes em grupos de quatro a cinco integrantes. Oriente-os a discutirem as suas vivências pessoais com a espiritualidade, em contextos religiosos ou não, bem como a importância delas para o dia a dia.

Peça aos grupos para mapearem e registrarem quais tipos de espiritualidade são praticados pelo grupo e, se for o caso, a quais tradições religiosas eles pertencem. Incentive-os a destacarem as semelhanças e as diferenças percebidas entre os colegas.

IMPORTANTE

Ofereça um modelo de mapeamento aos estudantes, no qual poderão apenas preencher com as informações solicitadas.

APROPRIAÇÃO E RESSIGNIFICAÇÃO

Entrevista para organizar o saber

1. Oriente os estudantes a entrevistarem dois familiares. Entregue em papel as perguntas a serem utilizadas durante a entrevista, tais como:
   a) O que é a espiritualidade para você?

   b) A espiritualidade já o ajudou em algum momento desafiador? Se sim, qual?

Explique como proceder durante as entrevistas, principalmente os cuidados necessários no momento de registrar as respostas (por escrito e/ou gravação).

2. Após as entrevistas, peça que os estudantes pensem em alguém que considerem trazer um impacto positivo para a humanidade pelo modo como vive a espiritualidade. Essa pessoa não precisa ser religiosa, basta ser uma figura que os estudantes considerem um exemplo positivo de prática da espiritualidade. Em seguida, entregue em papel as perguntas a seguir e peça que as respondam:
   a) Como podemos definir a espiritualidade vivida por essa pessoa?

   b) O que podemos aprender com ela?

Incentive-os a partilharem as suas respostas sobre as pessoas que consideram exemplos de espiritualidade. Valorize a participação dos estudantes, de modo a destacar a relação entre o modo como essas pessoas vivem a sua espiritualidade e os conceitos apresentados sobre o assunto.

Portfólio da espiritualidade da turma

Converse sobre o mapeamento dos tipos de espiritualidade praticados pelos estudantes e as informações obtidas por meio das entrevistas com os seus familiares. Promova uma socialização que destaque a diversidade presente na turma, enfatizando o cuidado e o respeito àquilo que é próprio de cada um.

Oriente-os a confeccionarem, coletivamente, um portfólio da espiritualidade da turma, com base nas informações do mapeamento e das entrevistas. Esse portfólio pode ser confeccionado em formato impresso ou digital, a depender da realidade dos estudantes. Ajude-os no processo a dividirem as responsabilidades, conversando sobre as principais formas de apresentar os dados da turma.

ATIVIDADE AVALIATIVA

A avaliação deverá ser processual, garantindo que, no fim, o estudante tenha condições de identificar práticas de espiritualidade utilizadas pelas pessoas em determinadas situações. A participação dos estudantes nas atividades em sala de aula, as suas anotações no caderno e o portfólio coletivamente construído servirão de base para a avaliação do processo de ensino-aprendizagem.

Ainda, outra proposta avaliativa pode ser a elaboração de um esquema em que os estudantes apresentem uma síntese pessoal de seu aprendizado. Para isso, é importante apresentar um modelo adequado de esquema, assim como os critérios para a sua avaliação.

ROTEIRO 02

Título/tema	Mística nas manifestações religiosas
Unidade temática	Manifestações religiosas
Objeto de conhecimento	Místicas e espiritualidades
Habilidade(s)	(EF07ER01) Reconhecer e respeitar as práticas de comunicação com as divindades em distintas manifestações e tradições religiosas.
Previsão de horas/aula(s)	Três horas/aulas
Recursos	· Equipamento para projeção audiovisual com acesso à internet. · Orientações para que os estudantes realizem a pesquisa de orações de diferentes tradições religiosas. · Orientações aos grupos de estudantes para pesquisarem práticas devocionais e místicas de tradições religiosas diversas. · Apresentação de modelo de mapa conceitual, para a atividade avaliativa.

OBSERVAÇÃO

Atividade mobilizadora

Explique aos estudantes que desenvolveremos a habilidade de "Reconhecer e respeitar as práticas de comunicação com as divindades em distintas manifestações e tradições religiosas", proposta pela BNCC[47].

Para pensar a diversidade religiosa na humanidade, apresente aos estudantes os dados atuais sobre a adesão das principais tradições religiosas no mundo, conversando com eles sobre as diferentes formas de devoção existentes. Explique aos estudantes que as tradições religiosas desenvolvem práticas de devoção a divindades de diversas formas, abordando as práticas devocionais situadas no monoteísmo, politeísmo, no culto aos orixás e nas tradições indígenas, por exemplo.

IDENTIFICAÇÃO E ANÁLISE

Atividade de pesquisa

Peça que os estudantes pesquisem orações (incluindo músicas, mantras ou poesias) de diferentes tradições religiosas e tragam para a aula. As orações devem estar registradas no caderno ou ser impressas.

Ofereça uma estrutura das informações a serem pesquisadas, como: qual é a oração; quando é realizada; a qual tradição religiosa pertence; se é realizada individualmente ou em comunidade; se inclui símbolos ou recursos para a sua realização (velas, terços/rosários, imagens, texto sagrado etc.); dentre outras que possam ser relevantes.

47 BRASIL. Ministério da Educação. *Base Nacional Comum Curricular (BNCC)*: educação é a base. Brasília: CNE/CEB, 2018, p. 455.

Promova um momento de partilha das orações pesquisadas. Faça perguntas norteadoras após as apresentações para ampliar a reflexão, tais como:

- Entre as orações apresentadas, o que mais chamou a sua atenção?
- Temos semelhanças entre elas?
- Quais são as práticas devocionais nelas contidas?

SUGESTÃO

Prepare e projete orações diversas, com imagens, para complementar a pesquisa dos estudantes – principalmente de tradições religiosas não dominantes.

APROPRIAÇÃO E RESSIGNIFICAÇÃO

A partir das manifestações devocionais apresentadas, peça aos estudantes que listem em seu caderno três atitudes que podemos realizar no dia a dia para promover um espaço de respeito às diferentes formas de crença e devoção. Espera-se que os estudantes destaquem: conhecer as crenças e as práticas devocionais das tradições religiosas; evitar juízos de valor; reconhecer a diversidade religiosa como expressão das várias culturas no mundo; dentre outras atitudes.

Atividade de pesquisa

Divida a turma em grupos. Cada grupo pesquisará práticas devocionais e místicas de tradições religiosas diversas. Eles deverão listar qual prática foi encontrada, como é realizada e com qual objetivo, além de suas principais características. Peça que coletem vídeos e fotos dessas práticas para organizá-las em uma apresentação digital à turma. Sugere-se o uso de recursos digitais, como o Jamboard e o Padlet.

No fim da apresentação, analise com os estudantes as semelhanças e as diferenças entre os seus achados. Destaque a importância das práticas pesquisadas para os seguidores de cada tradição, depois oriente cada grupo a propor uma ação de preservação e respeito à prática que pesquisaram. Essa proposta pode ser apresentada em cartaz, como uma campanha de incentivo ao respeito à diversidade religiosa.

ATIVIDADE AVALIATIVA

A avaliação deve ser processual, garantindo que, no fim, o estudante tenha condições de reconhecer e respeitar as práticas de comunicação com as divindades em distintas manifestações e tradições religiosas. A participação nas atividades em sala de aula, a pesquisa e a apresentação em grupos servirão como base para a avaliação do processo de ensino-aprendizagem.

Apresente uma folha com a palavra "espiritualidade" escrita no centro. Solicite aos estudantes que elaborem um mapa conceitual, escrevendo palavras-chave ou frases que expressem a síntese do aprendizado desse estudo.

Lideranças religiosas: contribuições para o convívio social

Ana Carolina Kerr Neppel Mariano[48]
Jonathan Félix de Souza[49]

O objeto de conhecimento "Lideranças religiosas" deverá ser analisado a partir das Ciências da Religião, considerando que nelas se sustenta o componente curricular do Ensino Religioso na Base Nacional Comum Curricular (BNCC). Partindo de uma ciência própria, o professor deve se apoiar em outras ciências (psicologia, sociologia, filosofia, administração etc.) para explicar o fenômeno analisado.

Os conceitos separadamente, "liderança" e "religiosa", possuem inúmeros significados acadêmicos e sociais. Sobre a "liderança", durante muito tempo, afirmava-se que a pessoa nascia líder. Hoje, compreendemos que a liderança envolve habilidades aprendidas e desenvolvidas em uma comunidade específica. Além disso, sabe-se, agora, que uma comunidade faz um líder, ou seja, a comunidade, ao

48 Doutoranda e mestra em Ciências da Religião pela Pontifícia Universidade Católica de Minas Gerais (PUC Minas), bacharela e licenciada em Filosofia (PUC Minas). Atualmente, é professora de Ensino Religioso no Colégio Santo Agostinho, membro do corpo editorial das revistas de Ciências da Religião "Horizonte" e "Interações", colunista membro do conselho editorial da Revista Senso, membro do grupo de pesquisa Religião, Pluralismo e Diálogo (Repludi). É pesquisadora nas áreas da mente, cérebro e religião; consciência na mística de tradições orientais como islã e hinduísmo; e de práticas religiosas como yoga e meditação.

49 Doutorando e mestre em Ciências da Religião, bacharel em Administração e licenciado em Pedagogia pela Pontifícia Universidade Católica de Minas Gerais (PUC Minas). Atualmente, é coordenador institucional de Pastoralidade dos Colégios Santo Agostinho, sendo o responsável pelas áreas de Ensino Religioso e Projetos de Vida. É fundador e editor-chefe da Revista Senso e diretor de Espiritualidade, Inovação e Bem-viver na Gaudium Educação. Foi membro do Comitê Estadual de Respeito à Diversidade Religiosa (CDR/MG) e presidente do Conselho Estadual das Juventudes (Cejuve/MG). Atua como pesquisador, consultor e palestrante.

longo do tempo, vai apresentando possibilidades que proporcionam o desenvolvimento dessa habilidade. Por "religiosa" entendemos uma forma de liderança que traz caraterísticas, valores e comportamentos de uma determinada tradição religiosa.

A liderança religiosa é uma competência constituída por um conjunto de conhecimentos, habilidades e atitudes que são expressos por suas respectivas ações para influenciar pessoas e grupos. Liderar é exercer essa competência de influenciar pessoas e grupos, modelando o jeito de pensar e agir da comunidade. Ao tratar de lideranças religiosas, portanto, devemos levar em conta as suas respectivas cosmovisões, nas quais encontraremos afirmações de que são escolhidas por Deus, pelas divindades. Cabe ao professor auxiliar o estudante a compreender e reconhecer as caraterísticas das lideranças religiosas que, atuando em sociedade, influenciam as pessoas por um jeito de pensar e agir orientado pela tradição religiosa em questão.

A liderança possui um papel importante na narrativa religiosa, pois garante a organização, a permanência e a transmissão da tradição por meio de ritos, práticas religiosas e/ou doutrinas. Portanto o seu comportamento nos espaços públicos como liderança de uma tradição apresenta atributos aprendidos e enraizados na cultura daquela tradição por meio da crença, dos valores e dos significados comuns. As lideranças no seu tempo podem apresentar sinais de mudanças propostas pela própria tradição, rompendo com comportamentos exercidos anteriormente.

A seguir, indicamos vídeos que podem favorecer o trabalho pedagógico:

REFERÊNCIAS

CORBÍ, M. *Análisis epistemológico de las configuraciones axiológicas humanas*. La necesaria relatividad cultural de los sistemas de valores humanos: mitologías, ideologías, ontologías y formaciones religiosas. Salamanca: Ediciones Universidad de Salamanca, 1983.

FREIRE, D. A. L.; MELO, D. G. Afinal, a liderança consiste em traços de personalidade fixos ou em características que devem ser desenvolvidas? *Revista Tecer*, v. 14, n. 26, 2021.

LIDERANÇA: Conceitos iniciais – Poder – Tipos básicos. 1 vídeo (17 min.), 2018. Publicado pelo canal Marco Ferrari. Disponível em: https://www.youtube.com/watch?v=vbTySQYtibo. Acesso em: 5 maio 2023.

LIDERANÇA Religiosa | Ensino Religioso | Pop História. 1 vídeo (7 min.), 2022. Publicado pelo canal Marcos Faber. Disponível em: https://www.youtube.com/watch?v=rBf5Y2VpT-8. Acesso em: 5 maio 2023.

ROTEIRO 01

Título/tema	Liderar: um jeito de conduzir grupos
Unidade temática	Manifestações religiosas
Objeto de conhecimento	Lideranças religiosas
Habilidade(s)	(EF07ER03) Reconhecer os papéis atribuídos às lideranças de diferentes tradições religiosas.
Previsão de horas/aula(s)	Quatro horas/aulas
Recursos	· Equipamento para projeção audiovisual com acesso à internet. · Imagens de algumas lideranças religiosas. · Perguntas sobre as imagens apresentadas para instigar a roda de conversa. · Vídeos e recursos sobre a atuação de líderes religiosos em prol do convívio social. · Folha de papel A4 para cada estudante escrever um texto-síntese.

OBSERVAÇÃO

Atividade mobilizadora

Inicie perguntando aos estudantes quais as lideranças que eles conhecem na sociedade. Incentive que eles compartilhem nomes de pessoas nos âmbitos local, nacional e global. Ajude-os a explorarem os diversos contextos de lideranças: líderes comunitários, lideranças da escola, lideranças políticas, lideranças artísticas, lideranças religiosas, lideranças empresariais. Instigue os estudantes a apresentarem homens e mulheres nesses diversos lugares. Em seguida, pergunte quais as principais caraterísticas dessas pessoas e os papéis que elas desempenham.

- Peça os estudantes que sistematizem no seu caderno as principais caraterísticas e os papéis das lideranças identificados nessa conversa.
- Pergunte aos estudantes quais lideranças religiosas eles conhecem ou já ouviram falar, incentivando a diversidade de tradições para ampliar os seus olhares.
- Peça aos estudantes que registrem no caderno as lideranças religiosas que identificaram e três outras que não conheciam e desejam conhecer melhor.

Após a discussão com a turma a partir das perguntas, faça uma síntese dos conhecimentos compartilhados pelos estudantes. Destaque que a identificação das lideranças de uma tradição religiosa nos permite compreender um pouco mais as religiões e as suas manifestações na sociedade, assim como os papéis atribuídos a elas.

Apresente para os estudantes as imagens de algumas lideranças religiosas e faça as seguintes perguntas:

1. Quem são as pessoas das imagens? Elas são de quais tradições religiosas?
2. Essas pessoas podem ser consideradas líderes? Por quê?
3. Além das lideranças apresentadas, vocês conhecem outras lideranças religiosas? Quais?
4. Qual o papel de uma liderança em qualquer tipo de grupo social (religioso, escolar, empresarial)?
5. Na sua opinião, a pessoa nasce ou se torna líder ao longo do tempo? Por quê?

Introduza o conceito de liderança religiosa apresentado na fundamentação e peça que os estudantes escrevam em seus cadernos a definição. Promova a partilha das definições e esclareça possíveis equívocos.

Oriente-os, então, a escreverem os nomes das lideranças religiosas que mais chamaram a sua atenção durante a discussão, pois serão fundamentais para o trabalho em grupo a seguir.

IDENTIFICAÇÃO E ANÁLISE

Atividade de pesquisa

A partir dos elementos sintetizados na discussão sobre as imagens das lideranças religiosas, peça aos estudantes que se organizem em grupos de até quatro integrantes. Apresente a seguinte proposta de investigação:

- Cada grupo deverá escolher duas tradições religiosas diferentes e identificar as suas respectivas lideranças (local, nacional e/ou global).
- O grupo deverá produzir um portfólio sobre a vida dessas lideranças destacando os papéis atribuídos a elas nas sociedades, sendo necessário constar no trabalho:
    - nome da liderança;

- tradição religiosa à qual pertence;
- breve biografia;
- fotos, notícias e curiosidades;
- características da liderança religiosa;
- aprendizados com o processo de pesquisa sobre a liderança.

Incentive que a apresentação dos resultados seja realizada de modo criativo, por meio de *podcast*, dramatização ou cartaz. Durante a partilha das pesquisas, realize apontamentos necessários e valorize os esforços de cada grupo.

APROPRIAÇÃO E RESSIGNIFICAÇÃO

Promova uma discussão com a turma sobre a atuação de lideranças religiosas em prol do convívio social. Destaque, a partir das apresentações dos estudantes, o respeito e o reconhecimento da diversidade religiosa como qualidade e contribuição para o convívio social. Para essa reflexão, sugere-se utilizar os seguintes recursos:

REFERÊNCIAS

ATHAYDE, A. T. "Se em nome de Cristo destroem, em nome de Cristo vamos reconstruir": evangélicos ajudam a reerguer terreiro queimado. *BBC News Brasil*, 2018. Disponível em: https://www.bbc.com/portuguese/brasil-43879422. Acesso em: 5 maio 2023.

PEREZ, B. Líderes religiosos abrem desfile da Mangueira: vinte religiosos entram antes da comissão de frente representando a liberdade religiosa. *Meia Hora*, 2020. Disponível em: https://www.meiahora.com.br/geral/2020/02/5872834-lideres-religiosos-abrem-desfile-da-mangueira.html. Acesso em: 5 maio 2023.

No fim da discussão, distribua folhas de papel A4 e peça aos estudantes que escrevam um pequeno texto sobre o papel das lideranças religiosas para a convivência com a diversidade nos modos de ser e viver (crenças, pensamentos, convicções).

ATIVIDADE AVALIATIVA

A avaliação deverá ser processual, garantindo que, no fim, o estudante tenha condições de reconhecer os papéis atribuídos às lideranças de diferentes tradições religiosas em diversos contextos. O portfólio e o texto final serão instrumentos para a verificação do processo de ensino-aprendizagem.

ROTEIRO 02

Título/tema	Lideranças que inspiraram
Unidade temática	Manifestações religiosas
Objeto de conhecimento	Lideranças religiosas
Habilidade(s)	(EF07ER04) Exemplificar líderes religiosos que se destacaram por suas contribuições à sociedade.
Previsão de horas/aula(s)	Seis horas/aulas
Recursos	· Reportagem para apresentar aos estudantes (disponível na internet): "Se em nome de Cristo destroem, em nome de Cristo vamos reconstruir", de Ana Terra Athayde, para a BBC News Brasil. · Imagens de lideranças religiosas em ações de voluntariado, diálogo inter-religioso e ecumênico. · Informações sobre as lideranças religiosas indicadas na sequência didática, para complementar os dados pesquisados pelos estudantes. · Folhas de papel A4 para os estudantes produzirem dois mapas mentais.

OBSERVAÇÃO

O ponto de partida desse estudo será a proposta do roteiro anterior. O objetivo é instigar os estudantes a exemplificarem lideranças que, pela sua ação, realizam contribuições para o convívio social e, consequentemente, inspiram atitudes de diálogo e atuação pelo bem comum.

Explore com os estudantes a liderança da pastora luterana Lusmarina por meio da reportagem:

VÍDEO

ATHAYDE, A. T. "Se em nome de Cristo destroem, em nome de Cristo vamos reconstruir": evangélicos ajudam a reerguer terreiro queimado. *BBC News Brasil, 2018.*

Atividade mobilizadora

Promova o diálogo sobre quais as contribuições que uma liderança religiosa pode oferecer para a sociedade. Incentive-os a pensarem sobre como as lideranças religiosas convidam os seus seguidores para se comprometerem com a paz no mundo e apresente imagens delas envolvidas em ações de voluntariado, diálogo inter-religioso e ecumenismo.

Após a conversa, distribua folhas de papel A4 e solicite que cada estudante construa um mapa mental apresentando o conceito de contribuição social com associações às ações das lideranças religiosas. Na sequência do estudo, retome o mapa mental e realize as conexões para a compreensão do conceito.

IDENTIFICAÇÃO E ANÁLISE

Atividade de investigação

Organize um processo de investigação biográfica de lideranças religiosas que trouxeram contribuições importantes para a sociedade. Apresente para os estudantes os nomes das lideranças religiosas descritos na sequência. Faça uma divisão da turma e organize a apresentação para as próximas três aulas. Em cada aula, os estudantes deverão apresentar a tradição religiosa, a biografia, a jornada, as caraterísticas e as principais contribuições sociais destas lideranças religiosas:

1. Allan Kardec.
2. Cacique Raoni Metuktire.
3. Chico Xavier.
4. Dalai-Lama.
5. Davi Kopenawa.
6. Dom Helder Câmara.
7. Dom Pedro Casaldáliga.
8. Jacir de Souza Macuxi.
9. Lutero.
10. Mãe Beata de Iemanjá.
11. Mãe Stella.
12. Malala Yousafzai.
13. Monge Marcelo BARROS.
14. MONJA COEN.
15. Papa Francisco.
16. Papa João XXIII.
17. Pastor Henrique Vieira.
18. Pastor Martin Luther King Jr.
19. Pastora Romi Bencke.
20. Rubem Alves.
21. Sônia Guajajara.

APROPRIAÇÃO E RESSIGNIFICAÇÃO

A partir das apresentações, peça que os estudantes façam um novo mapa mental explorando o eixo central: "Lideranças religiosas e contribuições sociais". O mapa deve apresentar os conceitos e uma conexão com as ações realizadas pelas lideranças que foram apresentadas na atividade anterior.

Atividade avaliativa

Faça uma avaliação processual, analisando a apresentação do estudante e a sua capacidade de síntese no mapa mental. No fim, promova um fechamento da reflexão propondo a elaboração de um texto coletivo que conecte as apresentações e as sínteses realizadas pelos estudantes.

Conecte-se conosco:

facebook.com/editoravozes

@editoravozes

@editora_vozes

youtube.com/editoravozes

+55 24 2233-9033

www.vozes.com.br

Conheça nossas lojas:

www.livrariavozes.com.br

Belo Horizonte – Brasília – Campinas – Cuiabá – Curitiba
Fortaleza – Juiz de Fora – Petrópolis – Recife – São Paulo

EDITORA VOZES LTDA.
Rua Frei Luís, 100 – Centro – Cep 25689-900 – Petrópolis, RJ
Tel.: (24) 2233-9000 – E-mail: vendas@vozes.com.br